文庫

自然の家

フランク・ロイド・ライト
富岡義人 訳

筑摩書房

自然の家【目次】

自然の家

THE NATURAL HOUSE

by

Frank Lloyd Wright

1954

第1書：1936—1953年

有機的建築

一八九三年、[1]シカゴあたりの大平原には、いわゆるアメリカ風の家がひしめき合っていた。私は、シカゴのアドラー・アンド・サリヴァン設計事務所[2]から郊外のオークパークの自宅まで帰る道すがら、毎日そのさまを眺めていた。こうした家がどういうわけかアメリカ建築の典型とみなされるようになっていたが、それは、多少なりとも自然に信をおく眼からすれば、ただちに根無し草と見抜かれてしまう手合いのものであった。私が勤め始めて六年目、事務所はセントルイスのウェインライト・ビル[3]を完成させたところだった。摩天楼を背の高い建物として表現した最初の作品である。巨大なオーディトリアム・ビル[4]を完成させて以来、もはや事務所が住宅を手がけることはなくなっていた。規模が大きく社会的に重要な建物をつくることに道を求めたのだった。私は住宅のほうを引き受けることにした。サリヴァン先生の自邸[5]を含め、事務所に住宅の依頼があったときは、常に私が担当するようになった。こうした仕事のひとつがチャーンレイ邸[6]である。よい家を意を尽くして設計する機会を待ちわびていたところに（一八九三年）、ひとつ仕事が舞い込んだ。これを機に、シラー・ビル[7]に事務所を構え、ついに独立して仕事を始めたのだった。最初の本物の機会は、依頼者ヘルマン・ウィンスロー[8]とともにやってきた。偽善に辟易し、真実への渇きを感じていたのは、私だけではなかった。ウィンスローは、彼自身芸術家ともいうべき人物で、私とまったく同じ気持ちを分かちあっていた。

いわゆるアメリカ風の家のどこが問題だったのだろうか？　ありていに言うなら、それは偽りだらけだったのだ。統一感など全然なく、自由なる民に与えられるべき空間感覚にもまったく欠けていた。無分別な流行に乗じてでっち上げられたものに過ぎなかったのだ。土地に対する感覚に欠けるという点では、いわゆる「近代主義風《モダニスティック》」[9]住宅に、いささかも引けを取らなかった。こうしたものが、どこでも手当り次第に建てられていったのだ。こうした「おうち」のどれでもひとつ引っこ抜けば、その分風景は改善され、空気は清々《すがすが》しくなっただろう。こうした家は、人間の住まい《ホーム》というより、巣箱《ハイブ》とでも形容したほうがよい。この点でも「近代主義風」住宅とまったく同じである。住まいと呼ぶにはおこがましい、ただの箱に過ぎないのだから。しかしアメリカ人は、こうした「おうち」、自分たちがどこか別の場所にいるかのように錯覚してつくった家を、新しい国のいたるところで建てていたのである。

また、この典型的住宅では、人間にふさわしい適切な比例感覚といったことはまったく顧みられていなかった。それは、どこかの奥まった湿った土地から顔を出し、できるだけ鋭く尖ろうと背伸びしているような格好だった。建物にとっても、中の物や人にとっても、あらゆる素材はすべて似たもの同士だった。要は煉瓦でできていようが、木だろうが石だろうが、その「おうち」は、凝った造りの蓋がかぶさった、ごてごてと呪いのかかった箱なのであった。この複雑な箱には、光と空気を取り入れるために、あちこち穴が開けられた。なかでも人が出入りする穴は醜いものだった。穴のまわりにはすべからく「縁取り《トリム》」[10]が施された。扉や窓もすべて額縁で囲まれた。屋根も縁取られ、壁も縁取られた。建築というものはこれらの穴をどう処理するかということに尽きる、といった風情であった。「指物繰形《さしものくりがた》」が、いたるところで最高位に君臨した。まるで建築の魂を体現するかのようであった。「クイーン・アン様式」[11]が一世を風靡すると、素のままに残された唯一の部分は床だけになってしまった。「指物師」は「寄せ木細工の模様貼り」をお勧めするのだが、でもふつうは、主婦や流行かぶれの装飾屋がその表面を糸のもつれあったような敷物で覆って、皆その上を歩くのだった。そうしないと床が「素っ気なく」なり過ぎてしまうと思ったのである。そもそも糸鋸や旋盤や漆喰で細工された表面を気持ちよく歩ける人間などいないのだから、床は「素っ気ない」平らな面になるに決まっている。しかし、このような究極本質の制限でさえ、何となく無粋なこととみなされていたのだ。

言うまでもないことだが、まだかけ出しの建築家だった私、生来の根源的気質を育んできた私にとって、自分が仕事することになった世界は、建設業者《ビルダー》という名の悪党どもで、おくびが出るほどあふれかえっているように見えた。彼らは、野卑になり得るというただ一点を除く、人間性のあらゆる価値に背を向けた罪びとであった。――そして、その性根がほんの少し混ざるだけで、世の中全体が馴れ合いに陥ってしまうのだ。さらに、あえて言い添えておきたいのは、あらゆる歴史を通じ、単なる寄せ集めというのが美的に最も劣った水準であったということだ。蒸気暖房、給排水設備、電気照明は、建物に新たなはたらきを付け加えるだけのもので、こうした設備を建物のはたらきそのもののなかに埋め込むのは難しいことだった。建物にとって消化器系、循環器系、神経系は、まだ異質なものだったのだ。しかし、それらも建物のなかに確固とした位置を占めるようになってきた。もはや建物は単なる殻ではあり得なくなり、内部の生活も来るべき姿に向けて変わろうとしていた。

私は、一一歳のときにウィスコンシンの農場に送られ、真の仕事とはどうやってやるものか叩き込まれた人間である。だから身のまわりの出来事すべてが、見せかけだけの、ナンセンスで、汚らわしいことに思えた。それを目の当たりにしたときに真っ先に起きた感情は、現実への、誠実への渇きであった。単純性への望みが、この最初の感情に続いて自然にわき起こってきた。そしてそれが、広がりゆく深い快適さを生み出すのではないかと思った。有機的単純性のアイデアが次第にふくらんできた。私がそこに生まれ、そこで育ってきたからである。このアイデアは、考え方の質からして新しいものであり、どのような状況に遭遇しようとも、精神を鍛え、よみがえらせる力を備えていた。有機的単純性は、見ようと思いさえすれば、そこかしこに現れている。それは、峻厳でありながらも調和した秩序のなかで、意味のある個性をつくり出す。この秩序こそ、自然という名で呼び習わしているものなのだ。私は農場でそのことをあますところなく知った。私は、身のまわりのすべてに、成長するものの美を発見する。いや私だけでなく、この問題に注意を向ける人であれば誰だって同じだろう。さらに少々眼をこらせば、それがいかに「美」へと成長していくのか理解することもできる。無意味なものなどひとつもない。私は本能から大平原を愛していた。それが、偉大なる単純性を示していたからである。樹々、花々、そして大空は、対比によって鮮明な感動を与える。大平原では、わずかな高みであっても、それ以上に強い効果を醸し出す。あらゆる細部が、その高みをどれほど強調し、広がりの茫漠さをいかにぬぐい去ってしまうか、お分かりになるだろうか。しかし、こうした空間の広大さは、みすみす犠牲に供された。すべて五〇フィート［約一五メートル］四方、下手をすると二五フィート［約七・六メートル］四方の敷地に切り刻まれてしまうのだ。その価値は金銭的なものに格下げされた。セールスマン根性のせいで、土地は小分けにされ梱包されて、ひとつずつ何の見境もなく売り払われた。偉大なる新しき自由の国のいたるところで、こういう浅ましい光景が繰り広げられた。人間の占有欲、安住欲につけ込んで、何もかも小分けにして、境界線をつくり出していくというわけだ。広大な平原の快適さとその空間的価値はこうして失われる。もしかしたら自動車の普及以降、その経済的意味すらとっくになくなっているのかもしれない。だとすればそれは、社会を上を下への大混雑に陥れようとする、まぎれもない反社会的犯罪だ。

ここまで、ずいぶん軽率な批判を振り回してきたことは承知している。こんなことを続けていると、心の平安から遠ざかり、あらわれの奥に潜むはずの満足に達することもできなくなってしまうだろう。だが、こうした軽率な行いも、すべてのもののなかにある**本質**を見定めることには役立ったはずだ。

私にはアイデアがあった（いまだに私自身で考え出したものだと思う）。それは、建物のなかの地面と平行する面を大地と同化させることが、建物を大地に属するものと見せる上で、きわめて有効な手段になるということだ（残念なことに写真家の手によって、このことは表現できない）。ともかく私は、この事実を自分自身の感覚によってつかみ、作品の中に組み込んでいった。私にはアイデアがあった。こういう低い土地に建つ家は、何よりもまず大地の**上から**建てていかねばならないということだ。そのころ一般的だったように、湿った地下室をつくって、大地の**中から**建てるなどもってのほかである。この感覚も「地下室」を取り除くというアイデアにつながった。私は作品をひとつ、工夫を凝らして地表面につくってみた。家がその土地のその地面**から**始まったと**見える**よう、基礎のエッジを際立たせて基部の水平線を突出させ、基盤《プラットフォーム》のように造形した。それは建物自体を載せるための明確な基盤となって、建物の構造を地面としっかり結び合せたのであった。

住まいというものは、まず第一に**庇護する覆い**《シェルター》として見えなければならない。私はこのアイデア（おそらく私の民族的本能に深く根ざしている）に基づいて、低く広がるような陸屋根、寄棟屋根、ゆるい切妻屋根を用い、軒を深く出して建物全体にゆったりとかけた。建物を洞窟のように考えるのをやめ、風景と関係したゆったりとした覆いの姿をまず考えるようになった。外部へと開かれた眺め、内部に取り込まれた眺め。これまで述べてきた様々な感覚が、すべて同じ方向を指し示していることに気づかれるかも知れない。それは、私がアメリカの大地と広がりのなかで生を享けた子であり、空間性を近代人の必要に応ずるものとして喜んで迎え、さらにそれを自然が人間に与えた機会ととらえることを学んだということなのだ。農場での経験は、こうした感覚の形成に無視し得ない役割を果たした。私は確かにそう思っている。

これに先立ち、私はもって生まれた快適さに対する感覚に導かれ、もうひとつ別のアイデアに達していた。すなわち、住まいおよびその中にあるものすべての比例を定める根拠は、人体の大きさであるということだ。人体寸法《ヒューマン・スケール》こそ建物の真の尺度なのだ。それ以外の尺度などあり得ないではないか？ いったい何の尺度があるというのだ？ これは誰から教わったものでもない、私自身の戒律だった。そこで新たな建物では、高さを尊大ぶった古典的オーダー[12]に従わせるのをやめ、見る者に威圧感を与えるのもやめにして（私は今も昔も誇大妄想が大嫌いだ）、人間に快適さをもたらすことだけを目指すことにした。私は、過剰につくり込まれ、つくりあげられた空間では、住み手が自由に動き回ることができないと感じていた。そこで、自らの感覚に従い、水平線を人間生活の地平（安らぎの線）ととらえることにした。これが実を結び始めたのだ。まず、建物の全体面積を変えずに、すべての部屋の間仕切りを取り払い、水平の空間を拡大した。ただし台所の周辺や、寝室のプライバシーのために必要な囲い、家族の団らんに外から邪魔が入らないようにするための囲いはそのままにしておいた。たとえば（まだ応接間《パーラー》[13]があったころのことなので）「訪問客」を受け入れる小さな社交場は必要悪として温存した。しかしこうした譲歩も、「流行りもの《ファッション》」の「応接間」という野蛮な遺物として、まもなく消え失せることになった。

建物を下げて平らにのばし、比例を適切に整え、地面との間に安定した関係をつくり、人間的な配慮を尽くすようにした。使用人は複雑な格好の屋根裏から解放されて、一階の台所につながった自分たち専用の部屋に入った。女主人は心配したが、彼らはこの変更を喜んで受け入れた。非衛生的な箱であり空間の無駄遣いの元凶でもあったクロゼットは消えてなくなった。かわりに換気のよいワードローブが部屋ごとに取り付けられることになった。

床面の自由な広がりを活かし、不必要な高さを除去することによって、新しい住まいの場に奇跡が起こった。適切なる自由の感覚が、建物のすべての面を刷新した。住まいは、人々の近代的な住まい方にいっそうふさわしく、敷地に対してより自然なものとなった。空間の価値についてのまったく新しい感覚が、建築によみがえろうとしていた。今になって思うのは、そのときはじめて建築本来の意味が自覚され、近代の建築に取り入れられたということである。これが一八九三年ごろのことだ。これは確かに、起こるべくして起きたことだった。

　こうしてそのとき、平らな面と静かな「流れる線《ストリームライン》」[14]が醸し出す新たなる安らぎの感覚が、建物の表現へと結びついた。同じことが、蒸気船や飛行機や自動車の形に見事にあらわれているのが分かるだろう。時代はすでに移り変わっていたが、「時代」にふさわしい表現は自覚されないままだったということだ。アメリカの土に植え付けた新しい建築を育て上げるにあたり、海外からは何の助けも得られなかった。こうして一八九三年から一九一〇年にかけて、大平原にプレイリー住宅が続々と植えられていったのである。破風《ゲーブル》がたくさんある家をお好みの「ゲーブルモア夫人」、あなたは間違っている。滑らかな漆喰《プラスター》仕上げをご依頼の「プラスタービルト夫人」、あなたも間違っている。なかでも最新流行の陸屋根《フラット》をお望みの「フラットトップさんのお嬢さん」、あなたはとりわけ間違っている。[15]「日本」からやってきたものは、何も助けてはくれなかった。ただひとつ、その素晴らしい浮世絵を除いて——それが教えてくれたのは、不必要なものを除去するということ、あるがままの素材を用いることから美が生まれるということだった。

だが何よりも重要なことは、アイデアがさらに高い意義に達したということ、すなわち、造形性《プラスティシティ》[16]の理念が、建物の全体形を処理する水準に到達し、作用し始めたということである。造形性という言葉は耳慣れたものではあったが、実際にその特質を体現した建物を眼にすることはできなかった。眼にすることができたのは、ただ我が敬愛する師[17]の装飾だけだった。そのことを装飾以外のやりかたで建物に導入する道筋は、まだ発見されていなかったのだ。だが、いまやその特質は、私がつくっていた**建物**へと取り込まれ、その線や表面の表現となって、眼に見える形になった。あなたの手をご覧になっていただきたい。ひとつずつ区切られつなぎ合わされた骨とは対照的に、それを一体に包み込んでいる表面。そこにこの特質があらわれているのを見ることができるはずだ。この理念は、建物の表現へと深まるとともに、まもなく次なる自覚的前進へとつながり、新たな美学を体現する形へと歩を進めた。私はそれを**連続性**《コンティニュイティ》[18]と名付けた（この特質は「折れ曲がりつつ連続する面」によくあらわれている）。機械加工を用いるにせよ、あるいはもっと別の自然な加工法を用いるにせよ、こうした美的感性に基づく連続性は、真に有機的な建築を達成するための自然な手段であるように思われた。ここには直接的な手段があった。私はこれが自然の形を表現し、対象化し、建築に再び持ち込むための唯一の手段であると思った。今でもこの考えは変わらない。この原理は、最初は本能的なひらめきに過ぎなかった（あらゆるアイデアは、そうして最初の双葉を広げるものだ）が、次第に「連続性」という新たな美学となって、建物の中に溶け込むに至った。そしてこの美学は、「造形性」と名を変えて海外に出ていった。彼らはそれを「第三次元《サード・ディメンション》」[19]と呼ぶようになった。そのころは私自身もよくそう呼んだ。しかしそれは「連続性」のある特定の側面を言い表したものに過ぎなかった。この一面がアメリカに逆輸入されると、新参者たちに上辺だけの影響を及ぼしはじめた。それ自体、新参者に悪い影響を与えるはずのものではなかったが、もしこのとき建築における連続性の概念が完全なかたちで逆輸入されていたなら、美学と構造は完全に一体のものとなり、我らが機械時代の建築にふさわしい、使い方と住まい方の革新へとつながり、ゴシックやギリシアをはじめとするいかなる時代をもしのぐ、優れた調和と美をもたらしたことだろう。この理念が素材にはたらきかけ、その加工法と道具の本性に導かれることによって、新たな時代にふさわしい生きる建築、有機的建築、単なるひとつの様式に堕ちることのない自らの生命を持った建築、そしてまた人々の生命をまもり育てる建築へと進んでいくはずのものだった。新参者の定式に堕ちるはずなどなかったのだ。レシピでもなく、定式でもなく、原理が作品のなかに移し入れられ作用するとき、そこには必ず**真の様式**が生まれる。そしてそれは、固化した「ひとつの様式」のように葬り去られるべきものではないのだ。

建物の角《すみ》を回り込んで連続する窓は、私の建物では、もともと内部の折り曲げられた面が外部に反映した、ちょっとした表現に過ぎなかった。これは「部分」を単純化し、切り詰めようとして行った数多くの工夫のひとつだった。しかしそうした工夫の見てくれだけが世界中に広まり、感性に欠けた小手先の技法として定式化していった。例えば突如まき起こった「国際」様式[20]に見られるような、平滑な無装飾の面にパターンに合わせ単純で大きな開口が切り抜かれる、といったやり口である。しかしその背後で、その表現が持っていたアイデア、それらを表現たらしめていた当のものは、すべて雲散霧消してしまった。所詮、ブロック状の輪郭だけを追い、素材の本性を無視する偽物に過ぎなかったのだ。——量塊の輪郭を追い求めるためだけに素材を用い、素材の本性を無視しようとした時代とはちょうど正反対だ。しかし、いずれにせよ同じ類の誤りである。「造形的《プラスティック》」とは、ルイス・サリヴァンが自らの装飾図形を他のすべての装飾、**付け足しの**装飾から区別するために好んで用いた言葉であった。しかしいまやこの言葉の意味は拡張されるべきだ。そういう地点に我々は到達したのだ。同じことが「形は機能に従う」[21]という箴言にもあてはまる。形と機能がひとつのものであるということに、もし思い及ばないのなら、「形は機能に従う」は、単なる教条《ドグマ》に堕するのだ。

　そもそも、部分だけに作用し、全体に作用しない原理などあり得るだろうか？

　私は、敬愛する師が抱いた**造形性**のアイデアを、建物全体に関する概念へと高めた。「形は機能に従う」という箴言が、もし建物のあり方について何らかの意義を持つとしたら、それは造形性の手段を通じてはじめて建築の形として結実するのであり、その作用は完全なる**連続性**となってあらわれるはずである。だとすれば、柱の上に梁が載っかるといった建物の作り方の定石など、すべて投げ捨ててしまってもよいのではないか？支柱《ポスト》はもういらない。円柱《カラム》も、付柱《ピラスター》も、軒蛇腹《コーニス》も、繰形《モールディング》も、装飾《オーナメント》もいらない。こういった要素の区別や、構造体に付け足す後付《あとづ》け部材は一切不要だ。建物は、すべてをその内に含み、かつ完全一体とならねばならない。雑多なものを寄せ集めるのではなく、ひとつのものとして存在すべきなのだ。

　ここに折れ曲がる面が登場し、線同士を融合させ、壁と天井をひとつのものとした。壁と天井と床は、ただ寄せ集められるだけのものから、**互いの一部となる**ものへととらえ直され、互いが互いにはたらきかけ、互いの内にあるようになった。こうしてすべてに連続性がゆきわたった。単なる納まり上の処理や、見せかけの細工は、すべて取り除かれた。

ルイス・サリヴァンは、彼の装飾の生成システムから背景を捨て去ったが、それは、全体の統合的感覚を重んじてのことだった。その裏には、ここに述べたような、物事に対するより大きな感覚が潜んでいたのだ。いまや私はそれを達成しつつあった。

こうして、建築における新たなる感性が、ついにアメリカの大地に蒔《ま》かれた。それは、建物の形を機能に忠実なものとするばかりでなく、単なる機能をはるかに越え、人間精神の域に達する表現力を持つものへと**成長させる**能力を秘めていた。我らが新しい国は、それまで知ることのなかった新たなる建築に手が届くところだったのだ。そう、この建築の形は、その内に秘めたる能力によって、人間生活の感覚を表現する上で、いまだかつていかなる建築も達し得なかった域にまで成長しようとしていた。建築は、その安定した内的原理のおかげで、人間個性に嵌められた枠を限りなく拡張しようとしていた。新たな空間がそれ自身の技法の上に成立するとともに、すべての素材、すべての技法が、人間生活に立脚したはっきりした言葉を、自ずと語りはじめた。建築家はいまやギリシアの空間像から解き放たれ、アインシュタインの空間像へと踏み込んでいけるようになったのだ。

建築の形は、果たして**成長**などするのだろうか？　お答えしよう、然り。それではどんな風に？　さあ、ここで読者諸君の純粋なる想像力の発揮を、切にお願いしなければならない。一般的な原則から特殊なものの領域へ、すなわち特定の素材と特定の機械加工を帯びた作品へと徐々に進んでいくにつれ、「造形性」が（「連続性」となって）私をしっかりと捉え、それ自身の意志を建築のなかに及ぼし始める。むしろ私は、すでに実を結んだ作品が辿った道筋を思い起こしながら、その一連のなりゆきをうっとりと眺めるのだった。私は時折、若かったころの設計スケッチ（まだたくさん手元に残っている）を見直してみるのだが、いまだにその暗示に魅了される。それらは今見ても生成力を保っているのだ。私にとって過去の建築は、何らかの文法を保持するものを除き、死んでしまったも同然だった。文字通り記憶から消え去っていった。まるで魔法にかかったかのように、新しい効果がそれ自身の生命を帯び、それに突き動かされた私は、自然そのものから授けられた着想を描くことができたのだった。誰からも何の恩恵も受けなかったし、何も参照しなかった。私の教科書は何だったのか？　それは「創造の書」[22]。それ以上に必要なものはなかった。過去の事例や遺物の間をさまよい歩くこともなかった。自分の趣味に合う建築家のやり方をあれこれ引っぱり出し、選び出して、個人的な好みだけを頼りにやっていくようなことはしなかったのだ。そういう地獄には墜ちずに済んだ。世界は、ひとりの折衷主義者を失い、かわりにひとりの通訳を手に入れたというわけだ。もし私が先達《ゴッズ》たちのことを好きでなかったなら、今ごろもっとよい作品をつくっていたことだろう。

広大かつ深遠なる単純性の諸相へと視野が開かれ、建物の調和が姿を見せた。私は疲れを知らず、その新たな兆しをつかもうとした。形の探求を様々に試みながら、造形性の原則が連続性となってはたらくよう、全力を尽くして集中した。まもなく実際的かつ実質的なやり方が生まれ、取り組んでいた建物のなかに新たな尺度をつくり出した。建築の名にふさわしい、理性的《センシブル》かつ感性的《センシティブ》なるものへの旅立ちであった。その根底には近代世界の思索と文化を変貌させ深化させる何らかの力がはたらいていた。私はそう信じたのだった……。

一九三〇年、カーン記念講演の講師としてプリンストン大学を訪れた際、私はベッグス教授[23]の実験をいくつか見学させてもらった。私にとってそれは「連続性」の美学が実際の物理的構造のなかでもはたらいていることを証明するもののように思えた。この美学的理念は、実際の建築設計でも有効なのだ。これが構造工学の公式として何らかのハンドブックに掲載されることを願うばかりだ。リベット接合に代わって登場した鋼材の溶接は、こうした新たなる目標に向けた新たな手段のひとつだが、そのほかにも造形的な技法が続々と登場している。だが、それもこれも（将来とも尽きることはないと信じ、かつそう望むが）すべてこれからの話だ。

そのころ、これらの理念には何の旗印《シンボル》もなかった。だが私はそのほとんどを、すでにしっかりと摑んでいた。建築を煉瓦にたとえるならば、私の手にはすでに煉瓦になるはずの土が握られていたのである。

この単純化の理念に刺激され、まもなく別のアイデアが生まれてきた（アイデアはアイデアを生む。とくにそれを実際にはたらかせているときには）。すなわち、建築を首尾一貫したものとし、すべての要素が建築としてきちんとはたらくようにするためには、この新たなる造形性の理念に、素材に関する新たな**感覚**《センス》と新たな**科学**《サイエンス》を付け加える必要があるということだ。

意外に思われるかも知れないが（私は驚きを感ずるほどだが）、文明世界のどこを探しても、この主題についての文献はまったくない。素材の本性に対する感覚について**正しく記したもの**は何ひとつ見つからない。ここには具体的な挑戦を受けるに足る研究領域が広がっているのだが、それは無視されてきたのだ。そう思った私は、自分なりのやり方で素材の本性についての研究を始めた。人生は短い。敬愛する師は、この研究にまで辿り着くことができなかった。すべての素材はひとしく彼の想像力のしるしを受け止めるのみだった。私は煉瓦を煉瓦として見ることを学びはじめた。私は木材を木材と見、コンクリート、ガラス、金属といったそれぞれの素材を、それ自身を表現するもの、それ自体のものとして見ることを学んだ。奇妙に聞こえるかも知れないが、これには非常に張り詰めた集中力と、尋常ならざる想像力（人のいうところのヴィジョン）を必要とした。建設に対し新たな意識をもって望むだけでは足らず、旧世界を完全に解体してしまうかも知れない思想的刷新への構えが要求された。素材にはそれぞれ異なった扱いが必要だ。そしてその素材および取扱いの違いに応じて、その本性に固有の新たな使用法が見出される。ある素材にふさわしいデザインは、他の素材にはまったく合わないはずだ。建物の形を有機的単純性にまとめあげようとするこの理念の光に照らしてみれば、これまでのほとんどすべての建築は地に墜ちてしまう。言い換えれば、形をその内から発するものとみなす空間理念の下では、古代の建築はもはや生きながらえることができないということだ。そうした建築が作られた当時の加工法と目的の限界をよくわきまえた上で、すべての素材を扱ったときに、本当にその「形」が生まれて来ないのであれば、素材はすべて粉飾されていることになるのだから。

建築は新たなる生命をよみがえらせようとしていた。そして確かによみがえったのだった。

もし古代のオーダーが成立したころに鋼鉄やコンクリートやガラスがあったなら、あの重苦しく感性に欠けた「古典主義」建築など存在すらしていなかっただろう。首都ワシントンでさえ、あんなことにはならなかっただろう。我々は新たな生命と新たな機会を手にしながらも、それを裏切ってきた。しかし、こうしたことは古代人——それでもギリシア人だけは例外だろうが——では起こり得ないはずだ。もしそういうことだったなら、建築設計は折衷主義的になされてしかるべきだろう。伝統は寄生物でも敵でもなく、友人なのであり、それは遠い祖先が、我々のために、我々の手の届かない必須の仕事を済ませていてくれたということなのだから。そういうことだったなら、我々は古代の遺物を感性を保ったまま安全に複製し続けられたことだろう。ほかの建築家たちと同じく、私だってきっとそうしていたはずだ。

人工的な素材の本性、天然の素材の本性がともに無視され、誤解されている状況では、有機的建築は存在しようがない。いったいどうやったらそれを手に入れることができるのだろう？　完璧なる相関関係、統合とは、すなわち生命ということである。成長するものが単なる寄せ集めでないというのは、あらゆる成長についての第一原理だ。実体化された統合性こそ、何にもまして重要なものなのである。どんな物事であろうと、その部分部分それ自体に格別重要な価値があるわけではない。しかし調和した全体に統合され、その一部となるやいなや、その真価が発揮されはじめる。これが統合性ということなのだ。偉大さと熟練を兼ね備えた私の師でさえ、素材をすべて同じに扱って設計した。どんな素材も、彼の豊かな想像力を受け止める原材料に過ぎなかった。彼は完全に芸術家としての生涯を送った。自ら言葉の上でつくりあげた理念とは逆の人生だった。感性あふれる装飾だけが彼の伴侶だった。その理念は確かに表面的な批評の域を脱してはいたが、ただ彼独自の世界を創りあげるために役立てられただけだった。その真価は発揮されずに終わったのだ。それにしても、どうしてこんなことが起こり得たのだろう？この理念の表現において、彼はいかなる人物よりも先に進んでいた。しかし彼にとっては、いかなる素材もただの同じ素材なのであり、彼の夢を織り上げるための材料に過ぎなかったのだ。テラコッタはまさにそうした素材だった。**彼の素材**、彼がもっとも愛し、もっとも尽くした素材だった。この素材を使わせたら、彼の右に出る者はいなかった。こうしたことに気づきながらも、彼の仕事と思想を継いで、新たな理念を次々に実行に移すにつれ、師に対する尊敬は深まっていった。こうした試みを続けているうちにすぐに突き当たったのが、道具の問題だった。理念を新しい建物の形に結びつけようとしていたからこそ見出すことのできた可能性であった。

人のなすこと——**それこそ**、その人のものである。彼についてほかにもいろいろ言うことができるだろう。しかしそれは彼のものとは言えない。

当時、建設産業で使われていた道具とは、一体どういうものだったのだろうか？　そのほとんどを占めていたのが、**機械**と自動加工だった。石材や木材に用いる鉋《かんな》盤や成型機、多種多様な旋盤、プレス機、電動のこぎり、金属やガラスの鋳造機……すべて産業化された工場にあった。煉瓦焼成窯、金属板切断機、プレス機、裁断機、切断機、成型機、打抜機は、鋳造所や圧延所にあった。機械加工工場《マシンショップ》、生コンクリート工場、粘土破砕所、鋳物工場、ガラス工場、そして労働組合、対する資本家。労働者および経営者の組合はすべて産業別の利益団体の傘下にあった。標準化によって葬り去られずに済んだわずかな余地以外、職人気質《クラフトマンシップ》が入り込む隙はなかった。大量生産や標準化はすでに確固たる前提条件だったのだ。毒にするか薬にするか、それはその人の器量次第だった。使い方によっては熟達した有能な人物にもなり得るし、見かけの贅沢に流されて「折衷」と呼ばれる優美な寄生物へと堕ち、「趣味」という名の直感的判断に身を委せきることにもつながりかねなかった。

私はそれまでも直感に委せて判断したことはない。本当にそう感じていた。しかし、時ここに及んで、建築に関する自分の感覚が何に由来するのか、ついに**知る地点**に達したのだった。

私が建築の仕事をはじめたころには、機械による標準化生産によって、すでに手仕事の息の根は止められていた。だが私は、使い古された時代遅れの手仕事がなくなったからといって憂いはしなかった。むしろ私を悩ませたのは、新たな形をつくりあげること、すなわち、機械のもたらす新しい秩序に生きた表現を与えることと、伝統のなかにある高貴さとも言うべきものを引き継いでいくことの間にある断絶だった。私は真に新しい形を実現したいと願い、同時にそれが偉大なる伝統にかなうものであることを願った。そう願う限り、私はそれを自分ひとりの手でつくりあげなければならないのだった。従来の（天然の）あるいは新しい（人工の）素材にふさわしい形をつくるだけでなく、機械加工（あるいはその工程）に適した設計にする必要もあった。手仕事よりも機械加工による方がよい結果を生むようにしてやらなければならなかったのだ。こうして、建築における統合的秩序の感覚が私の心の最上位を占めるに至り、熟練した職人集団なしでも劣ることなく仕事できるようになった。ただし、のちの帝国ホテルの仕事では手練《てだ》れの職人たちを率いることになった。あの建物は、いかなる意味でも機械生産の産物とは言えない。いまや私のなかには、安定した原則、偉大なる理念がもたらす内的な原則が成立した。これ以上に厳格な原則もないが、これ以上に豊かな報酬を作品にもたらす原則もない。これほど安全に、自信を持って仕事できる者はいない。有機的統合の理念に従って内面から原則を打ち立てたからこそできることだ。こうした者にとって、経験は「学校」である。いや、むしろ彼にとっての唯一の学校である。

これらの一連のアイデアに素材を与え、作品にしていくにつれ、この厳格な理念から、新たなアイデアが次々と流れ出すように派生してきた。それらはすべて同じ方向を指示していた。作品をつくるというひとつの飛行を終えるたびに、こうしたアイデアが思ったよりも遠くの目的地を指し示し、その地へと誘《いざな》っていくのだ。こうしていくつかの目的地を制覇していった。もし建築のドローイングや模型を読み解く能力があるなら、あちこちの資料館に集められた「予兆と前兆」を観察することができるかも知れない。写真はあまりよい手段ではない。面の深みが再現できないからだ。それにしても多くの建物が取り壊され、台無しにされてしまった。さらに不運なのは、最上のドローイングの大多数が失われてしまったことだ。また、最上の建物の多くが建てられないままに終わった。こういうものを研究するには記録だけが頼りだ。ただ、後の作品であっても、その素材の用法、素材の組み合わせや配列などを観察することで、それ以前にどのような目標があったのかを知る手がかりにはなるだろう。敬愛する師は「例外を一切許さない普遍的規則」を探し求めた。だが、私をとらえて離さなかったのは、規則の有効性を証明する自在な例外のほうであった。これが私の仕事の「紆余曲折」と、当初の目標からの離脱と出発を説明するのかも知れない。

一八九三年ごろのこと、シカゴの若き建築家たちが私のまわりに集い、最初の門人、友人となった。彼らは私と同世代で、皆、新しい言葉で語ることを私から学んだ。私は少々文章を書いて、物真似に向かおうとする流れに抗《あらが》おうとも試みた。その一例が一九〇四年に書いた「機械の美術と工芸」[24]と題した一文である。これはハルハウス[25]で朗読された。ときにはたいしてうまくもない講師となって講演もした。だが、話すことと建てることは違う。まもなく私が気づいたのは、「流派」というもの（後にその分派に名前がつく）は、とにかく実際に**建てなければ何もならない**ということだった。こうして同世代の人たちから「プレイリー派」と呼ばれる一団が興り、一八九三年から一九一〇年にかけて、大平原《プレイリー》を舞台として、新たな住まいを追い求めはじめたのだった。私は、これこそが近代建築の殿堂の第一展示室に置かれるべきものだと思う。そのころ、ルイス・サリヴァンのことを、彼がつくった作品以上に深く知る者はいなかった。あまつさえ、彼独自の装飾法を表面的にまね、作品の眼に見える面のほとんどを埋め尽くすようなことさえした。何年かしてC・R・アシュビー[26]が合衆国を訪れ、ハーバードのクノ・

フランケ[27]がオークパークにやってきた。彼らはかわるがわる大平原にやって来て、そこに建った新たな作品を見てまわり、一九〇八年にその話を携えてヨーロッパに渡った。それから一五年か二〇年ほどして、とあるフランス在住のスイス人が、昔なつかしい初等幾何学の美を再発見することになるのである。[28]ラーキン・ビル[29]を通じて表明された肯定的な否定は、その竣工にあわせ、アーキテクチュラル・レコード誌一九〇八年三月号の記事[30]として出版され、広く行きわたった。このように一九一〇年の時点で、私の作品に示された有機的建築の理念はすでに肯定の域に達し、当時ヨーロッパで行なわれていた頑迷な否定のはるか先を行っていたのだ。

ついに視野に入った目的地についてさらに詳しく論ずる前に、読者の興味に応え、この新たな出発が一般の人々にどんな反応を引き起こしたか語っておこう。一八九三年、最初の「プレイリー住宅」、ウィンスロー邸を建てたとき、サリヴァンと似ていたのは装飾部分だけだった（これに先立ち、私はチャーンレイ邸の設計において、単純な面のなかに個々の開口部を釣り合いよく配置することで装飾的効果を生む技法をつくりあげていた。私の知る限りこれがその最初の試みである。これはウィンスロー邸の特徴にもなっている）。次にやって来た依頼主はこう言ったものだ。「人と違うあんな家を建てて、毎朝駅に行くのに、皆の物笑いの種にならないよう、こそこそ裏口から出かけていかなきゃならんのは、ごめんこうむりたいもんですな」。これが人々の反応というものだった。こんな話は、ほかにもたくさんあった。銀行員は、開口一番、そんな「妙ちきりんな」家に資金は貸し付けられないと断った。だから初期の作品は、金を貸してくれる友人を探すところから始まったのである。工場の職工は、まずはじめに図面に書き込まれた設計者名を点検するようになった。見積もりに出された図面に、ある特定の名前を見つけると、すぐさまくるくると巻き直し、「好き好んでゴタゴタに首を突っ込みたがる連中とは違うんでね」と言いながら、突っ返すのだった。請負業者がなぜかいつも図面を読み誤るので、工事はしょっちゅう中断した。私の設計は、すでに主流から外れていた。依頼主は興味と熱意を失わず、私の傍らから離れないでいてくれたが、建物の方が彼らの資力を超えていってしまうのだった。だから彼らは、新しい家に引っ越してくるころには資金を使い果たし、負えるだけの借金を負い、それゆえ新天地に手持ちの古びた家具を引きずり込まざるを得なくなる。こうしたことが度々だった。だから、建物の内部空間を完璧につくりあげることは、ほとんどできなかった。「有機的単純性」の理念は、完全な統合が成し遂げられた後に、その静かな表明となって立ちあらわれるはずのもので（このことについてはすでに述べた）、後から取って付けたものはすべて自動的に拒否する性格のものだ。だから、古い家具、あらゆるカーペット、ほとんどすべてのカーテンは、不適切で表面的なお飾りに過ぎないと断ぜられるのである。こうした経験を踏まえ、後の仕事では、すべてのしつらえが建築の統合的な一部分となるよう、できる限り造り付けにした（とくに電灯と暖房器具は必ずそうした）。また家具も建物の一部とし、その場に釣り合うよう、できる限りデザインすることにした。カーテン、ラグ、カーペットを使いたいと言われれば（もちろん適切にデザインされたものであれば使ってもよい）、同様にデザインした。しかしまあ、何度も言っていることだが、金というものは、元々の設計が持っていた本質的な特徴を台無しにし、洗練と統合の道筋を妨げること頻繁だ。

もうひとつ言っておきたい。設計者の協力なしで住宅のまわりにいかなる植物も植えてはいけない。これもしばしば破られる掟である。彫刻や絵画を飾るにも建築家の協力が要る。こう言っておいてもなお、絵画が咎《とが》なく「絞首刑」に処せられているのを見ることになる。まさに困惑以外の何ものでもない。そのような装飾的要素はどこにも予定されていなかったのだから。そもそも彫刻や絵画は、建物そのものと一体になるべきものだ。私は、一九一三年、シカゴに建てたミッドウェイ・ガーデンズ[31]で、この総合を試みた。植栽、家具、調度、音楽、絵画、彫刻、すべてをひとつにまとめあげようとしたのだ。しかしその当時、音楽家、画家、彫刻家を、そういう総合の水準にまで到達させようというのは、土台無理な話だった。彼らに不承不承、それがひとつのアイデアだと認めさせるのが関の山だった。だから結局、自分自身で建築と調和するデザインをつくるしかなかったのだ。荒削りと言えば、確かに荒削りだった。あらゆる素描がそうであるように。制作の手技も生煮えだった。だが、少なくとも、そういう建築家の側からの試みに大きな重要性があるということをはっきりと眼に見える形で提示したという点では、確かに十分に成功したのだ。そして、そうすることによってのみ、建築が完全なる生命を得るということも。装飾法の新しい理念は、いまやすべての装飾をぬぐい去る地点にまで到達した。装飾を一切消し去ることでも、全体の統合性を発揮することはできるからだ。本物の装飾がこれほど要求されたことはなかった。しかしそれは「何ごとかを意味」しなければならなかった。言い換えれば、何か有機的な性格のものと**ならねばならなかった。**仕事を求めて営業回りをする装飾業者が、依頼主を訪ねて来る。彼は、建築家の名前を聞き出すやいなや、帽子をちょっとあげ、きびすをかえしながら、「ごきげんよう！《グッドデイ》」と、皮肉を込めた素っ気ない挨拶を残す。これは当時の俗語で「お呼びじゃないってことで《グッドナイト》」という意味なのだった。統合的装飾を達成するというのは、なかなかの難題であった。だから次の世代の若い建築家たちは、いみじくも、建築から装飾自体を取り去って、適切な時期が来るまで封印しようと決断したのだ。
初期の住宅の依頼主たちは、もちろん好奇の眼にさらされた。時には賞賛を受けることもあったが、ほとんどの場合「中道主義を自任する自惚れ屋」からの嘲笑を受けることになった。どこにでもいる自惚れ屋の眼には、そういう家を建てた家主が、どことなく「縄で首をくくられたサル」のように映ったのだろう。

まもなく私は、異なる素材を選択するということが、必然的にまったく違う建物を生むという事実を、身をもって体験することになった。コンクリートはまだ使われはじめたばかりで、ユニティ・テンプル[32]が世界で最初のコンクリート一体成形の建物となった。コンクリートを流し込んでから型枠を外すと一体の建築が完成している、という建設方法をとった最初の建物という意味である。批評家は、それをありのまま見つめることも、それが何のためのものか理解することもなく、今日に至っている。彼らが理解したのは、せいぜいそこで**何か**が起きた、ということに過ぎなかった。どうも彼らはその作品がお気に召さなかったらしい。だが「印象的」だとは思ったのである。同じころ、バッファローにラーキン・ビルが完成した。この作品は、空虚な装飾にまみれた古くさいオーダーに対する意識的かつ重大な挑戦だった。私の特集が組まれたアーキテクチュラル・レコード誌の一九〇八年の号で、私自身、このことを次のように説明している。記録に忠実に引用しよう。「ここで再び、批評家の考える建築のほとんどが、この作品とは何のかかわりも持っていないということが明らかになる。もし、そのことを理由として、この作品が建築としての評価を受けられないのだとしたら、それに代わる同等の権利を主張してもよいはずだ。すなわち、ひとつの芸術作品として、一隻の客船として、一両の機関車として、あるいは一隻の戦艦として見られることを」。この言葉はスイス人の「発見者」の眼には触れなかったのだろう。[33]そのとき彼はまだ若かったのだから。

当時、漆喰塗りの家は新しかった。開き窓は新しかった。たくさんのもの、ほとんどすべてのものが新しかった。変わらなかったものと言えば、重力の法則と、依頼主の性癖くらいのものだった……。

これらの建物は単純である。当時もそう見えたし、今日でもそう見える。なぜならこれらが個性を備え、原理の相貌を備えているからだ。だが、これまで影響力を持ち得たのは、単純性の相貌の見かけだけだった。いまや、折衷主義に溺れる者たちは、その様式上の効果だけを追い求め、その見かけだけを様々に誇張している。もし彼らが真の単純性を身につけていたなら、その作品には汲めども尽きぬ無限の多様性が生まれたことだろう。だが、そうしたことは試されもしなかった。私は一八七軒の建物を建て、基本計画と実施設計を終えながら建設されずに終わった作品も三七軒ほどある。これらを、あるひとつの様式にまとめることなどできない。しかしながら、どれもが「様式」を備えているのだ。

オークパーク、リヴァーサイドなどの郊外や、シカゴほかの市街地に建てたプレイリー住宅、さらにオークパークのユニティ・テンプル、バッファローのラーキン・ビルへと進んでいくにつれ、私は自分自身の考えを建物の形に浸透させ、構造や外形の表現として明確化していった。こうした努力の結果、まったく新しい建築的感覚が生まれ出るに至った。建築を読解できる人であれば誰だろうと、すぐに理解できるはずだ。建築の概念の新たな地平であった。敬愛する師が言った「形は機能に従う」の域にとどまらない建築、すなわち、人間の精神のための建築、今日、命ある者が生きなければならない生命のための建築、人間の住む場所として思い抱かれた適切な内部空間を備えた建築である。形と機能はひとつのものになった。その内部に包み込まれた空間こそ、その建物の**実体**である。包み込まれた空間が、建物の外観の姿となり、建物の**実体**として立ちあらわれ、それが建築となる。こうした建物を私は建てようとし、そして実際に建て、今も建て続けている——あらゆる反対を押し切り、圧倒的な障害を突破し、わざとらしい冷笑を乗り越えて。私は、この「内に在る」という感覚、部屋そのもの（あるいは部屋群そのもの）と言ってもよいこの感覚を、実現すべき偉大なる特質なのだと思う。そしてそれは、建築の名にふさわしい、我々が必要とする新たな形を生み出すことだろう。そのような創造の泉が単なるひとつの様式に堕落することなど、絶対ないはずだ。この内部空間の感覚が素材と道具の本性を突き動かし、建物の外形を建築の名にふさわしいものに仕立てあげ、さらに進んで豊かなモチーフを導き、これまで建築に失われていた大切なものを取り戻すことへとつながっていくことになる。全体形を明澄にする作用をもったこのモチーフは、これまで述べてきたアイデアの数々を、はるかに重要な建築の概念を実現する手段として利用することだろう。私が、こういった考えのもとに思い描いた建物は、まだ謎めいたものに見えるのかもしれない。確かに「近代主義風」を自任する人々にとっては、ほとんどすべての建物がそう見えるだろう。信念と行動の間には、常に裂け目が走っている。なぜなら有機的と呼ぶに足る成長は、ゆっくりとしたものだからだ。折衷主義は一夜にして登場することもできようが、有機的建築は、ゆっくりとした成長を経て、大地から立ち上がるようにして、光の中に姿を見せるものであるはずだ。それは、より良き生活のための大地となり、建物をさらに美しく引き立て、その生活環境そのものを通じて住み手を祝福することだろう。あらゆる建物の構造は、もっと軽く、もっと強い繊維質の「外殻構造」へと自ずと進化を遂げ、「固い塊」は駆逐されていく。樹上生活をしていた我々の進化論上の祖先は、防御のため「洞窟に暮らした」獰猛な動物たちの生活と比べれば、現在の我々の先例としてふさわしいと言えよう。しかし、それが人間の水準に引きあげられるやいなや、さらに高度な精神的秩序が生まれ、近代の生活に曙光をもたらし、光あふれる生活のための内部空間の概念が生まれ、それが有機的な形となって、建物という実体に結実する。その建物は、地域の材料と自然な構造技法によって実体化され、その形は理想と目標の意義を率直に体現するとともに、経済性と耐久性を極める。こうして、いまや明らかになったのは、我々が確かにひとつの理念を抱いており、まもなくその核心が創造的な人々全体に浸透していくだろうということだ。その起源は、私の知る限り、紀元前五〇〇年の老子にまで遡ることができ、その後、イエス・キリストその人にもたらされたものである。ルイス・サリヴァンが拓いた建築の新たな時代は、彼に課された限界を超え、彼が花開かせた素晴らしい装飾造形の域を超えて発展し、さらなる高みへと達した。そこでは、人間の創造的理念がすべての文化に浸透し、すべての形とすべての機能をひとつのものとするのだ。

このような新しい感覚をもたらす鉄とガラスの能力を、あますところなく発揮して見せた作品は、我が国では——いや、図面と模型以外、いかなる国でも——まだそれほど多くはない。だが、新しい相貌——まさに原理の相貌だ——を備えた作品は、すでに世界中に現れている。新しい建築言語は、まだ、若者たちによって、乱暴に、混乱して、そしてしばしば誤って語られているに過ぎない。そこには明敏さもあり、視野の広さも幾らかあるが、だが、何といっても知識の深さが足りない。それを培う長い経験が欠如しているのだ。残念なことに、学校での訓練や現在の批評のほとんどは、こうした内面への洞察に欠けている。古臭い学問的オーダーは、自ら落ち込んだ尊大なる不能症《インポータント・インポテンス》に押しつぶされようとしている。無理やり押し付けられた不毛な教育が緊張をもたらし、その結果、社会は分裂しつつある。肥大した資本主義が、若者たちに、こうした学問的伝統とやらを残したのだ。これほどまでに広まってしまった文化的不毛、これこそが現在の沈滞した不安感の原因なのであり、この世界を失速させている元凶なのだ。ここから世界を救い、実を結ばせるのが、有機的建築の理念である。世界を浅く濁った水溜まりからすくいあげ、もっと深く、もっと澄んだ思想の水脈へと導くのだ。人生はこうした深く新鮮な水脈を必要とする。若者たちはそこに飛び込み、新たな息吹を得て、浮かび上がってくるはずだ。

私は、光こそ建物に美をもたらすものだ、という思いをますます強くしている。これまで光は、影をつくることを通じて、建物を美しく引き立ててきた。しかしいまやそれは、もっと深い満足感を求め、さらに高い価値を備えた人間の自我を求めている。なぜなら明日は今日となり、今日は昨日となるからだ。

人間精神を統合することによって創造される建物、そこに含まれる奥深い感覚は、間違いなく我らが機械時代の物質的体軀を形成することになるだろう。しかしそれだけでは十分ではない。もしそのことによって、より広く、より鋭い生命の感覚がもたらされ、時間、場所、そしてそこにある人間のすべての源泉が生かされ、発想力に満ち、生命それ自体の真の表現であるような建築が生み出されることがなければ、この理念は再び失敗に終わるのだ。

こうしたことの身振りだけが取り上げられて、軽々しく「近代主義風」と呼ばれている。作業場、製図室、そして教室で交わされるこうした口先ばかりの言葉遊びは、一体何を意味するのだろう？　私の作品の新しいアイデアの上辺だけを組み合わせ、学問的な合理化を企てるわざとらしい身振りは、一体何なのだろう？　この新たなる有機的建築の真の内容、そしてその動機となっている内なる思想が、彼らの偽善めいた宣言文のなかであんなにも混乱しているのは、一体なぜなのだろう？　これらの研究とその確かな証拠を理解し、正直にその利益に与《あずか》ろうとする慎み深く真剣な努力がこれほどまでに少ないのは、一体どうしたわけなのだろう？　我々のように、それらのあり方自体を素直に用いようとしないのは、一体なぜなのか？　さらなる成長のために、それらとともに前進しようとしないわけは、一体何なのか？　生活のためか、はたまた、はかない名声を追うためか？　歓心を買うことで何らかのかりそめの名声が得られるとでも言うのか？　こうした浅はかな野心が思い描く名声、それが「世間の評判」である。そのような野心はすべて「宣伝」に行き着くに過ぎない。そしてそれは日付遅れの新聞のように捨てられゆく運命なのだ。

新しい家を建てる

新しい家を建てるにあたってまず最初にやったのは、屋根裏部屋を屋根窓《ドーマー》もろとも取り除いてしまうことであった。つまり、その背後にある余分な高さを取り除くということだ。次に、不健康な地下室を、大平原に建つすべての住宅から、そう、完全に取り除いた。死後の審判を暗示するように林立していた細長い煉瓦づくりの煙突のうち、私が必要と認めたのは一本だけだった。幅の広い、ゆったりと太いものを一本、多くても二本。これが緩やかに傾斜する屋根あるいは陸屋根の上に低く突き出す。その根もと、建物の内部にある大きな暖炉は、本物の火が燃える場所になった。そのころ本当に火が燃やされる暖炉はむしろ珍しく、あるのは炉棚飾りばかりだったのだ。炉棚というのは、わずかな石炭を燃やすことができるだけのささやかな火床を囲んで大理石の門型が覆うものか、あるいは火床のまわりだけにタイルを貼った木製の家具のようなものだった。しっくい塗りあるいは壁紙貼りの壁に、こうした調度が無造作に取り付けられているのだった。快適さに対する冒瀆である。だから、大平原に建てた住まいでは、**統合的な暖炉**を建物そのものの重要な一部とすることにした。

建物そのものをなす煉瓦積みの深みの中で、炎が赤々と燃えるのを見るのは心地よいものだ。この感覚は、その後定着することになった。

私は設計に用いる寸法を、人体から持ってくることにした。私は人体寸法以外の尺度を信じなかったので、標準の背の高さ——**すなわち五フィート八インチ半**［一七四センチメートル］、ちょうど私自身の身長だ——にあわせて、家全体の高さを下げた。建物の塊をもっと外へと拡げ、できる限り空間的にするためにしたことだった。もし私の身長が、五フィート八インチ半より三インチ［約八センチメートル］高かったら、私のつくる住宅の比例はまったく違うものになっていただろうと言う人がいたが、たぶんその通りなのだろう。

建物の外壁は、地面に水平に敷かれたセメントあるいは石敷きの基盤から立ち上がることになった。建物の下に敷かれた低い基壇《プラットホーム》のようにも見える。実際、ほとんどその通りのものだった。この外壁は、二階の窓の下枠の高さで停止する。この結果、緩勾配の屋根が突き出した深い軒下に、ひとつながりの窓の列ができる。こうすることで上階に寝室群を持ってこられるようにしたのだ。壁は新しい家から徐々に消えていった。戸外の光と空気と風景の美しさを遮ってしまうからだ。箱をつくってから窓の穴を開けていくような造形をしていたうちは、壁は強烈な存在感を放っていた。私自身、ウィンスロー邸を設計した時には、この壁構造の考えにまだとらわれていた。しかし、この仕事を終えると、考えが変わりはじめた。

私の感覚では、「壁」はもはや箱の横っ面ではない。それはまずもって空間を囲む輪郭なのであり、嵐や暑さから逃れたいと思うときだけに、防御の役割を発揮すればよいのだ。ふだんは逆に、外の世界を家の中に誘い入れ、内部空間を外へと導き出すほうがよい。この感覚に基づき、私は壁を壁として扱うことをやめてしまった。軽い間仕切り《スクリーン》の機能を果たす、空間を開くための手段として扱うことにしたのだ。建築材料の扱いがさらに進歩すれば、構造の堅固さを犠牲にすることなく、空間すべてを自由に使えるようになるだろう。

実際、自然の気候は時として暴力的で、灼熱と極寒、湿潤と乾燥、暗黒と眩輝の両極端をもたらす。その防御のために建物全体に大きな屋根をかぶせたのだ。水平の軒線《コーニス》は、それが発生したそもそもの目的に復帰した。軒裏は平らにして淡色に塗り、反射光の輝きが部屋の上部を柔らかく照らすようにした。このように、張り出した軒には二重の意味があった。第一は家の外壁を保護する防御としての役割、第二は反射光の拡散板としての役割である。この反射光を上階に取り入れるために、壁は「採光スクリーン」に持ち場をゆずり、窓が長く連続することになったのである。

このようにして出来あがった姿を見てみると、家は、基本的に、たっぷりとした屋根の下に生活空間が包み込まれている、というふうに把握される。私は、この**庇護《シェルター》の感覚**を好ましいと思った。今でもそう思っている。

家は地面と共調するようになり、周囲の大平原の環境との自然な調和があらわれはじめた。

建築界に入ったばかりの若き諸君は、当時、こうしたことすべてが「新しかった」ことが信じられるだろうか？――本当に新しかったのだ――単に新しかっただけでなく、破壊的な異端、途方もない奇行ですらあった。確かに、今日でもどことなくそう思われている。今でも異端者には違いないが、その当時にあっては**すべてが**あまりにも**新しく**、住宅設計で生計を立てる見込みすら挫折しかけたのだ。はじめのうち「世間」は、この家のことを「服装改革《ドレス・リフォーム》」[34]住宅と呼んだ。なぜなら当時、世間でそういう改革が花盛りだったからだ。私の行なった形の単純化が、ある種の田舎向けの改革に見えたのだった。私はここまで、主として家の**外側**について話してきた。しかしこれで十分言い尽くされているのだ。なぜなら、これらはすべて**内側**で起こったことの結果だからだ。そのころの住宅は、故意に徹底的に切り刻まれていた。切れるところはすべて切る、といった残忍な決意のなせる技であった。内部は、箱また箱、さらにそのなかに箱、といった具合だった。**部屋**と呼ばれる箱である。すべての箱は、複雑な外側の箱のなかに納まっていた。建物内部の機能は、ひとつひとつの箱に割り当てられていた。

　このような抑圧的な態度、部屋ごとに物事を区切るようなやり方には、ほとんど何の感性も認められない。むしろそれは、刑務所に長いこと慣れ親しんだ先祖たちの心性への退行を意味しているような気がする。ただ、上階の寝室群のプライバシーは例外だろう。そうした部屋はたぶん寝るための箱でも良いのだろう。だから私は、下階の室内全部をまったくひとつの部屋にしてしまうことにして、台所を一種の実験室として切り離し、使用人の生活区域を一階に置いて、台所の横に間接的に取り付けた。こうしておいてから、下階の大きな部屋をスクリーンで区切って、食事室や読書室などの特別な用途のための空間をつくったのだ。

当時、こういう平面の建物は存在していなかった。だが、私の依頼主たちは皆これらのアイデアに殺到した。頭を悩ませていた使用人の問題に対するよい解決策だと思ったのだ。依頼主も使用人も、この新しい自由が気に入った。それと同時に、家は空間的に自由になり、いっそう住みやすくなった。内部の空間性が、ついに夜明けを迎えた。

部屋を寄せ集めてできる家に、こうして終わりが訪れた。ドアの数も、窓の穴の数も減ったが、窓の面積は格段に大きくなった。窓やドアの高さは、人間の身長に合わせて下がってきた。こうした変更を行なってみると、部屋の天井の高さを下げて、壁の上に直接載せることができるようになった。壁の窓より上の部分は、幅広の水平の帯として扱って、しっくい仕上げとし、部屋の天井と同じ色に塗った。これによって、天井の表面の質感と色を、窓の直上に持ってくることに成功した。こうして、窓の上を壁に沿ってめぐる帯によって天井が拡大して見えるようになり、部屋は狭くとも、頭上に豊かな広がりを生みだすことができるようになった。全体的感覚はこのようにして、その幅を広げ、造形へとつながっていったのだ。

ここに新しく、造形性の重要な要素が加わった――私はそう考えた。そしてそれを、機械をうまく利用する上で欠かせない要素だと考えた。内部空間の造形性を強調し、内部空間の感覚を高めるため、窓を連続させ、建物の隅を回り込むように処理することもあった。私は、外向きに開く窓のために闘った。開き窓《ケースメント》が家と外部空間を結び付け、外へと向かう自由な開口をつくり出すからだ。いわば開き窓というものは、単純なだけでなく、使う上でも、その効果においても、もっと人間的なもの——すなわち自然なものだったのだ。もしこの世に現れていなかったら、私自身が発明したことだろう。だが、当時アメリカでは、この種の窓はあまり使われていなかった。だから、それにこだわった私は、多くの依頼主を逃すことになった。ふつう依頼主は、そのころよく用いられていた上げ下げ窓（ギロチン窓）を望んだ。だがそれは、単純でも人間的でもなかった。単なる方便に過ぎなかった。一度ウィンスロー邸で使ってみたが、以来一切やめてしまった。同時に、木製の縁取り《トリム》も完全に除去した。私は「縁取り」を造形的なものに変えた。すなわち、「切ってはつなぐ」大工仕事の強迫観念をやめにして、軽く連続し、浮遊するようにしたのだ。縁取りがいわゆる大工仕事に見えることはなくなった。機械は、思ったとおり、こうした加工処理を非常にうまくやってのけた。この造形的な縁取りは、職人仕事の不手際を隠すのにも役立った。そのころすでに機械対労働組合の闘いは始まっていて、職人の質が低下していたので、縁取りには下手な細工を目立たなくする役割があったのである。

この時期、機械加工の潜在的能力は、ほとんどまったく理解されていなかった。だから切削作業でどこを切り落とせばよいか示すだけのために、こまごまと図面を描いて渡さなければならなかった。いちいち記すのは差し控えるが、縁取り以外にも多くのことを変更した。造形的全体性というこの革新的センスは、さらに知的洗練を深め、それまで見たこともない魅力的成果を生みはじめた。本当に多くの人々が、この時期に建てた家がなした革新を評価し、できるだけ長く維持しようと力を尽くしてくれた。ここではじめて有機的単純性の理念が作品に適用され、実現されたのだ。それは我が国の歴史にとって重要であるにとどまらない、文明世界全体の思想的転換点でもあった。

単純性

こうした初期の経験を通じて私がまもなく気づいたのは、有機的単純性が共通の感覚に依存していること、共通の感覚があってこそ、これまで記してきたような様々な技法が共調しあい実を結ぶのだということであった。簡素であるということと単純であることは違う。明白なことだ。ロイクロフト・スティックリー・ミッション・スタイル[35]のぶっきらぼうな家具は——のちに隆盛をきわめることになるのだが——これ見よがしの簡素さ、納屋の扉のような簡素さを強調していた。だが、こうしたものは真の感性からすれば決して単純ではない。また、単に機械でつくられたからと言って、ものが必然的に単純化されるわけではないことも、すぐに分かった。師は、こう口癖のように言っていた。「考えるということは、単純性に則って取り扱うということである」[36]。この言葉は、すべてを一括して見抜く眼を備えよ、ということを意味している。

これこそ、単純性の唯一の秘密なのだと私は思う。すなわち物事それ自体が単純であるということなどあり得ないのだ。あるものがそれ自体として単純であったためしはない。単純性——芸術家としてこの言葉を用いるとするなら——は、ある有機的全体のなかの完璧なる一部分となってはじめて達成されるものなのだ。単なるひとつの特徴、単なる一部分に過ぎなかったものが、単純性の域に達すると、調和した全体における調和した要素となる。野に咲く花は真に単純である。しかし野の花を人為的に二重《ふたえ》に改良したら、それはもはや単純ではない。本来の形のあり方が明瞭でなくなってしまうからだ。デザインの明瞭さと、完全なる意義の表明は、ともに野に咲く百合《ゆり》の自然な単純性の第一の本質である。「苦労もせず、紡ぎもしない」。このイエス・キリストの言葉こそ、単純性についての至言である——「野の百合は如何にして育つかを思え、労せず、紡がざるなり」[37]。

三本でよいところに線を五本引くのは愚かなことだ。三ポンドで済むところを九ポンドでは太り過ぎである。しかし、演説や文章で、表現上意味のある言葉――意味を強調したり確認したりするための言葉――をなくすことは、単純性とは言わない。建築の単純性にも同じことが言える。たいていの場合、それは愚かなことなのだ。

建築に即して言えば、表面の表現豊かな変化、線の強調、なかでも素材の質感や想像をさそうパターンが、建物の内容に雄弁さを与え――形に明確さを与える。だから、こうしたものを除去するのは、くどくど飾り立てるのと同じくらい無意味な行いなのかも知れない。おそらくその可能性の方が大きいだろう。何を除去し、何を取り入れ、それをどこに、どのように取り入れるのかをきちんと判断すること。ああ、**これこそ**、きちんと教育されるべきことだったはずだ。単純性の基礎知識として――表現の自由を究める道として。

家のなかの美術品について。それは、かの初期のころでさえ、新たなる単純性にとっての厄介者だった。うまく選びさえすれば問題はない。ただし、それぞれが全体にうまく消化されている必要がある。彫刻、絵画、陶磁器などのオブジェは、古いものであれ新しいものであれ、建築の全体組織にうまく融け込ませることが十分できる。だから私はそれらを受け入れ、それらに狙いを定め、消化吸収するようにした。こうした貴重品を家のデザインの一要素として扱い、それにふさわしい位置を見つけ出し、その気品を発揮させ、ともに時を過ごすに足るものにすることは、決して不可能とは言えない。だが、こうした消化吸収は、きわめて難しいものだ。一般に、はじめからすべてを統合的にデザインする方がよい結果を生む。

建物の統合的な一部となるようにつくり付けられていない家具や調度品は、たとえそれが可動式で、必要な時にだけ取り出せるよう格納されるとしても、造り付けの家具と同様にデザインされ、建物の一部分として見えるようにしなければならない。私はこのことを依頼主に理解してもらおうと努めてきた。

だが、建物本体が竣工すると、依頼主にくっついて手持ちの家具がやってくる。だから依頼主は、内部空間が本来の感覚を発揮するまで、じっと待ち続けねばならなくなる。こういうことが起こらない方が珍しいのだ。依頼主が自分の持ち物を運び込むというのは、私にとって実に胸の痛むことにほかならない。

まもなく私は、ある種の家具を観念的につくりあげるのが、たいへん難しいことだと気づいた。すなわち、それを建築としてデザインし、人間的なものとし、人間の利用に適したものとするということだ。初期のころに自らデザインした家具に、偶然どこかで出くわすことがあるが、それを眼にするたびに、私は打ちのめされるような気分を味わってきた。

人間というものは、集い、座り、あるいは寄り掛かり、語りあい、そして食事をしなければならない――だが食事室はむしろずっと扱いやすく、また芸術的にも大きな機会を与えてくれる。それでも、ひとりないしグループで心地よく座るための形式ばらない配置は、全体図式を攪乱する要因にもなり得るものだ。**このこと**をうまく実現するのは難しい。しかし、いまやそれは実現可能であるし、そうすべきだ。人間の心地よさと使いやすさが建物全体の秩序に組み込まれることこそ、近代的な統合の感覚にかなうことなのだから。

人間の使いやすさと心地よさが、設計者の個性の前に、何らかの犠牲を差し出さなければならない理由はどこにもない。それがあらゆる室内に親しく宿り、外観へとあふれ出すべきなのだ。装飾とは、それをいっそう魅力的かつ心地よいものとし、より適切なものとするために使われるものだ。そうでなければ、その意義は踏みにじられたも同然だ。

こうした理念が、家という家に作用した。その結果、床面は自由になり、不必要な高さは除かれ、ついに新しい居住空間に奇跡が起こった。人間にふさわしい自由の感覚が、そのあらゆる面を刷新した。すべてが変わり、人間の住まいとしていっそうふさわしく、敷地に対していっそう自然に適応した。この原則で建てられた家がどこか別の場所にあるところなど想像もできないほどだ。空間の価値に対するまったく新しい感覚が建築に取り戻された。この新たな価値は、いまや世界中の建築に流れ込んでいるように見える。ゆるやかな流線形の効果に潜む新たな安らぎの感性に、ついに達したのだ。流線形と平滑な表面は、すでに三七年ほど前に、建築におけるあり方を見出していた。もちろんそれは、建築の材料、環境、そして人間の生活と密接に関係しあってはいたものの、基本的には、蒸気船、飛行機、自動車に起こったのと同様の出来事だった。

しかし何よりも重要なのは、造形性の理念であった。それは設計のなかで揉まれながら意義を増し、いまだに成長を続けている。そしてついに、有機的建築を達成するための手段となって現れるに至ったのだ。

造形性

ひとつひとつ分節された骨をつなぎ合わせた骨格に対して、そのまわりを覆う表現豊かな肉体。ここに、造形性《プラスティシティ》のあらわれを見ることができる。私の師が言った通り、もし本当に「形は機能に従う」のだとしたら、ここには、形と機能はひとつであるという、いっそう精神的に深まったアイデアを直接的に表現する手段があった。これこそ、「切ってはつなぐ」接続部の分節と複雑さを取り除き、面を連続させ、表現豊かな流れを生みだす唯一の手段であると、かつても今もそう考えている。こうして最初は直感的に――すべてアイデアのはじまりとはそうしたものだ――ある原則が建物に宿り、以来、発展を続けている。いまや造形性のアイデアは、私の作品のなかで連続性の要素となって含まれていることがわかるだろう。

建築において造形性とは、はるか古代に遡るある思想を近代的に表現したものに過ぎない。だがこの思想は、社会構造や人間生活のあらゆる側面へと入り込み、この「バラバラに」崩壊してしまった世界のなかで、完全なる人間社会の織物を再び織り上げていくことになるのだ。「造形性」という魔法の言葉は、ルイス・サリヴァンが、自らの装飾技法の理念を、他のすべての付け足し型の装飾から区別するために好んで用いたものである。しかし、いまやこの感覚を、建物の構造そのものへと、もっと広く適用すべきではなかろうか？

全体に対して有効でない原則が、どうしてその一部分にはたらきかけることができるだろう？

もし本当に、形が機能に従うのだとしたら——それは造形性の理念をもとにして、素材の感覚を通じて実現したのだが——その精神とは、**形と機能はひとつである**ということなのだ。なぜ鉛直の支柱と水平の梁という古い考え方を完全に棄て去ってしまわないのか？　継ぎ目だらけの梁も柱もない、あるいは軒蛇腹《コーニス》など全然ない、**付け足しもの**の「痕跡」すらない、そう、あらゆる後付けのものは一切不要なのだ。付柱《ピラスター》も、梁型《エンタブラチュア》も、軒蛇腹《コーニス》も、何であれ「付け足しもの」は一切建物に取り付けてはいけない。部材の区分と継ぎ目をなくすのだ。古典主義の建築はすべて部分ごとの要素の取付けと組み立てからできている。そう、すべからくその通りだ。なぜ壁や天井や床を互いの一部と考え、それぞれの表面を流れるように一体化するものとして**見よう**としないのか。なぜ、すべての組み立てものを取り除いて、全体の連続性を獲得しようとしないのか。ルイス・サリヴァンが装飾の全体的、統合的感覚を高めるために、背景をすべて取り去ったように。こうしてひとつのアイデアが素材の水準から精神的な水準へと高まり、そしてその結果が生まれはじめた。いま抱かれるべき理念とは、建物全体が、大地から伸び来《きた》った植物のように、その状況のなかから成長してくるということ、そしてそれが「人の本性に従い、自らの生命を生きる」[38]という、自らのあり方を自ら定める自由な行為にほかならないということだ。それは、自然のまったただ中で、一本の樹のような威厳をたたえることだろう。しかし確かにそれは、人間の精神の申し子なのだ。機械時代の建築のための、理想的なアメリカ建築のための理念、それを私は提案しよう。それを育て上げようではないか——樹の姿に。

私は、樹の格好をまねして建てろ、と言っているのではないのだよ。

一般的な理念から個別の技法へと一歩一歩進んでいくにつれ、造形性は建築に幅広く作用する手段となって私をとらえ、それ自身の意志に従ってはたらきはじめた。私はいつも、魅惑されるようにして、ただただ、そのなりゆきを見つめるのだった。ハートレイ、マーチン、ヒース、トーマス、トーメック、クーンレイ、[39] さらに何十軒もの設計を経験してきたが、新たな仕事に取り組むたびに、すでに実を結んだ作品が辿った道筋を思い起こしながら、その一連のなりゆきをうっとりと眺めるのだった。

過去の建築は、何らかの文法を保持しているもの以外、私から文字どおり消え去っていった。まるで魔法にかかったかのように、新たな建築的効果が生命を帯びはじめた——それは、この精神的原則をはたらくがままに任せることで生まれた、建築形態の生成過程の全体に及ぶ、純粋に新しい効果であった。迫りくる単純性と、言いようもない調和への展望が開かれた。そのあまりの美しさに、喜びを通り越して戦慄したほどだった。そう、本当に心の底から驚いたのだ。

以来、私は、偉大なる真の建築に到達しようとする努力を通じて、形態の連続性という造形性に専念し、それを、建設ということの本性に内側からはたらきかける実践的原則として用いてきた。真なる美学とは、すべからく本性の暗示である。それゆえ、この美学的理念は、建設の原則となって、現実の建物、実際の建設のなかに導き入れられるほかなかったのだ。

私は、構造の連続性を求めて、柱と梁の区分を取り除こうとした。ふたつのものをそれぞれ別のものとして取り扱うのではなく、ひとつのものとして取り扱おうとしたのだ。だが、しばらく試みるうちに、並の構造技術者からは何の助けも得られないことを悟った。技術者は、彼らの習い性なのだろうが、計算の前に、すべてを計算の世界に合わせて、支柱とその上に乗っかる梁にモデル化してしまう。そしてそれぞれの部材にどれくらいの寸法が必要かはじき出す。彼らにそれ以上の知識はない。壁が床や天井と融合し、一体になって作用しあうというような話に、彼らはそもそも出会ったことすらないのだ。技術者は、連続性を前提として計算できるだけの満足のいく科学的公式をまだ手にしていない。たとえば、ひらいた指の上にお盆を載せるウェイターの仕草のような、中央の柱で支えられたリブの入った片持ちスラブ。これは、大地と平行する面によって第三次元を強調するために、私が使いはじめた手法だが、そのようなやり方は、当時、とくに帝国ホテルで用いたころには、まだ目新しいものだった。だがまもなく技術者は、床スラブに関しては、連続的要素の扱い方をものにした。それに適用できる方程式を手に入れたのだ。こうして、片持ち構造は建築デザインの新たな特徴のひとつとなった。それは東京の帝国ホテルの構造上、もっとも重要な特質となった。そしてそのおかげで、建物は一九二二年の大地震[40]に耐え、その生命を保ったのだ。こうして新しい美学は、その美学としての価値を越え、科学的な信頼性をも証明して見せた。引張力を担う鋼鉄によって導かれた、新しい経済的な「安定性」。その偉大な能力が、ついに建物の構造のなかに導き入れられたのだった。

素材の本性のままに——その哲学

我々に残された莫大な歴史的源泉はいまだに新しい——そう言ってみたとしても、それが新しく見えるのは、建築を「生まれ変わるもの」(すなわち永遠に繰り返されるルネサンス)と思い込んでいるからに過ぎない。五世紀にも及んだ低迷のあいだ、こういう物真似の物真似が繰り返され、その結果、現在我々が目の当たりにしている建築、プラスタービルト夫人、ゲーブルモア夫人、フラットトップ嬢お気に入りのアメリカ建築ができあがってきたというわけだ。一般的かつ公式に言って、我々の建築というのは、その徹底した無意味さによって、どうにか意義を保っているに過ぎない。我々はもはや建築を失ってしまったのだ。少なくとも統合性を備えた建物など、まずどこにもない。

我々の手にあるのは、建築という仮面をかぶった経済犯罪に過ぎない。いや、本当は違う。我々の手にしている最も優れた建物は、まだ芸術作品として評価され、認知されていないのだ。そうでしょう、デービーズ夫人[41]? ただ、あなたのお気に入りはワシントンのようですが。

ここで、読者に少しばかりの忍耐をお願いしたい――科学者アインシュタインは、「相対性」だか何かの説明に三日間を要求した。そんな差し迫ってもいない、役に立ちもしないことの説明に――だから、私はこれから五つの新たな創作の源泉について、指折り数えながら順に説明していこうと思う。これらすべては、生活をより便利に豊かにしようとしている今日、我々が用いることのできる新たな統合性の源泉なのだ。

最初に挙げるべき重要な統合性は、現実の建物に対する、はるかに深くかつ親密な感覚である――「古典主義」という異教を奉じている間には決して得られなかったもの、中世のキリスト教時代に実現された建物よりもいっそう人間的なものだ。それにしてもこの思想が、イエス・キリストの単純性の考えとして思い抱かれて以来、これまで二〇世紀ものあいだ文明のなかを生き延びて来たことは、実に輝かしいことだと言えよう。さらに先立つこと五〇〇年前、この思想は中国の哲学者、老子[42]の「道《タオ》」という自然思想のなかで、すでに有機的役割を果たしていた。だが、新たな建築に響くのは哲学だけではない。それは詩である。

中国の賢人、王士禎[43]は言った、「詩は心の響きである」。だとすると、詩にならって、建築の感覚とは「内在《ウィズイン》」の響きである、と言えるのではないか。心の「内在」において、そう呼んでもよいのではないか。

建築は、いまや統合的なものになる。新しくかつ古くから続く現実の表現となる。すなわち建築は、生活が営まれる部屋の内部空間それ自体を表現するものとなるのだ。統合的な建築においては、**部屋の空間それ自体が立ちあらわれなければならない。部屋**こそが建築として見つめられるべきものであり、それ以外に建築はないのだ。もはや外観のための外形などない。外部と内部がふたつ別々ということもない。いまや外部は内部に入り込み、内部は外部へと広がりゆく。それぞれは**互いの**ものなのである。こうして素材と加工と目的、それぞれの本性が互いに調和し合うに至ったとき、設計から施工まですべてにわたって、形と機能はひとつになる。

このような幅広い統合性、内部空間の概念こそ、まず第一に重要な創作の源泉である。これはまた、形に全体的意義を与えるための真の基盤でもある。事を明瞭にするために（すでに述べたなかで、全体的統合性のことは示唆しておいたのだが）、さらに敷衍しよう。有機的建築の本性とは、その敷地そのものから成長すること、すなわち大地から現れ、光の中に伸びゆくことである——大地それ自体が、建物を構成する基本要素なのだ。こうして我々がまず手にするのは、有機的なるものとしての建物という新たな理念である。こうした建物は、自然のただなかで、樹のような威厳を示すはずだ。

建築のこの新しい理念は、同時に、我々の文化一般を導くにふさわしいものでもある。どんな建物でも、最後に完成した姿のなかに区別は立てられない。我々の建築と我々の文化の間に区別はないし、それらと我々の幸せとの間にも区別はないし、我々の仕事との間にも区別はないのだ。

この有機的な統合の高まりのなかに、文明と誤解されがちな下らぬ密集を終わらせる道を見出すことができる。この古くて新しい、いっそう深い現実感覚を通じて、我々は本物の文明を手にできるかも知れない。我々は、この感覚のもとで、**自然**というものをはじめて理解し、計画と建設という手段を通じて実現できるかも知れない。**自然**への信仰は、文化的に混乱した後ろ向きの二〇世紀を、来るべき時代へと向け直すために、今まさに必要とされているものなのだ。「有機的」という言葉が分かりにくければ、「自然」な建物、あるいは統合的な建物と言ってもよいだろう。

さて、五つの新しい創作の源泉の第二、ガラスについての検討に移ろう。この第二の源泉は、新たな「超・素材」ともいうべきものだ。なぜならガラスは、感性に目覚めた近代的生活を実現する上で、驚くべき能力を発揮し得るからである。それどころか、生活の何たるかを明らかにする新たな価値基準ですらある。もし古代人がガラスを手にしていたら、その時点で、我々の知る古代建築は完全に廃絶されていたことだろう。現在、我々が使っている超・素材、**ガラス**は、それこそ奇跡なのだ。空気から空気を隔て、外に追い出し、あるいは内に留まらせ、光から光を取り出して、散乱させ、反射させ、屈折させることができるのだ。

第一の偉大なる統合性は、ガラスを用いることによって、実現への最初の道筋を見出すことになる。大地のゆったりとした広がりが入って来ると同時に、建物とその内部空間が外にあふれ、大地のながめと共調する。大地と建物は直に開きあい、親密につながりあって、互いをいっそう引き立てる。環境としてつながりあうだけでなく、建物のなかで営まれるよき生活のパターンとしてつながりあうのだ。第一の偉大なる統合性に含まれる意味と効果を余すところなく実現し、人間生活の利益を追求しようとすること、これを内部空間の概念と呼ぶことにしよう。こうした内部空間は、この複雑な時代、その文明的生活を支える多種多様な建物すべてが備えるべき特質であり、そしてそれは確かに実現できるのだ。

洞窟のなかでなく、樹の上で自由に暮らした我らが祖先——遠く過ぎ去ってしまったその自由の何がしかが、ガラスという手段によって、二〇世紀の生活に取り戻される。一方、身を護るために「洞窟生活」をした野蛮な動物たちの暮らしぶりは、封建主義の権力のもとにあった生活、建築で言えば、いわゆる「古典主義」のもとにあった生活のモデルとしてふさわしい。だがそれは、家畜同然の奴隷労働によって築かれたものだ。自由の国において、我々は、有機的な思想に基づき、自らを自由へと解放している。もはや動物的な恐れを抱くいわれもなく、建物を光のなかに差し出すことができるし、我々が溺愛する異教徒の形式的理想、「古典」から完全に身を離すこともできる。そうでないとしたら、我々の自由とはいったい何なのだろうか？

おそらく何より重要なのは、ガラスによって現実のものとなった陽光あふれる空間が、人間精神のいっそう高い秩序を支える大いなる力を秘めているということだ。自由な生活を大気と陽光に直接結び付けること、それは、形と理念に明澄さを取り戻す特効薬だ。新しい建築に起こりつつあるのはこれだ。建物と地表面を結びあわせ、斜面や庭と融合させることによって生まれる広がりゆく眺めとその統合的性格。そう、この新たな大地の感覚のなかにこそ、偉大なる人間的価値がある。これこそ、新しい家、優れた公共建築に向かおうとする我々を導いてゆく道なのだ。

時を経るに従い、これまで述べてきた可能性が意識されるにつれ、太陽、空間性、統合性という、手段から目的に至るひとつながりの価値が、いっそう強く求められることになるはずだ。太陽を求めれば求めるほど、我々はよき大地の自由を望み、統合性の理解へとさらに近づいていく。そしてその価値に気付くにしたがって、我々は支えるに値する文明を見出し、それを支えていくことになるだろう——現在の乱行と廃墟のありさまを終わりにして。

人々の密集が「賃貸向け空間製造業者」の出番をつくるようなことは、もはや起こらないだろう。空間製造業者自身が「賃貸《フォー・レント》」に出されることになるか、あるいはもっとよいのは、まったくの「空室《ベイカント》」になってしまうことである。やつらに十年ほど暇を出そうではないか。

このような空間の新たな価値が、我々の生活に対する考え方へと流れ込んでいる。これらすべて、我々自身の理念にかなうものだ——我々が民主主義と呼ぶ理念に。

新たなる現実——ガラス

この内部空間の新たな感覚を解き放ち、実現するための創作の源泉、これがガラスという新たな可能性である。ガラスはいわば素材を超えた超・素材なのであり、同時にそれは、我々の真価がどの程度のものかを暴く、審判者の質を備えている。この素材のおかげで、我々は、現在の上辺ばかりを飾りたてた洞窟のような住まいから脱出でき、加えて、我々の過去という洞窟からも逃れることができる。さらにそれは生活の単純さへのいっそう深く正しい欲求、自然の相貌の明確さに見られるのと同じ単純さへと向かおうとする欲求を、我々のなかに呼び覚ます。建物がよいかどうかは、常に本性に従った構築のよさによって見抜かれてきた。もし、この「眼差し」がいっそう高度に発達したなら、構築というものは一種の自然のパターンとして見抜かれることになるだろう。**この**眼差しこそ、建築の霊感なのだ。

夜明けを迎えつつある**現実**としての**内在**の感覚が、まぎれもない**自然**として見出されるとき、それはガラスという手段を通じて、庭を建築に変え、同時に建築を庭とすることだろう。空も、内部での日常生活にとっての大切な宝として尊重され、まるで大地の上で暮らすかのような感覚をもたらすはずだ。

壁が消えつつあるのがお解りだろうか。人間の住まいの定形のひとつだった洞窟が、ついに姿を消し始めたのだ。

ガラスによって、壁それ自体が窓となる。窓はもはや我々が慣れ親しんできたような壁にあいた穴ではなくなっていく。天井も窓と同じ運命をたどるはずだ。布地が空間を美しく覆う日も近いだろう。布地が純粋なる建築的属性を獲得するのだ。吊り下げたり被せたりの装飾的要素であることをやめ、古めかしいオーダーの粉飾《カモフラージュ》手法であることをやめるのだ。建物に統合された照明、標準化された衛生ユニットに続いて、近代的かつ統合的な床暖房が登場するだろう。これらすべてによって、箱だらけ、区画だらけの建物は廃絶され、建物は安価で経済的なものになるだろう。

偽りの立体構成と悪趣味な飾りたては、我ら知性ある国民にとって、もはや癇に障る抑圧的なものになってきたのではないか？　その偽りの立体構成と悪趣味な飾りたてが暴君として君臨し、我々の一九世紀建築を、住宅、公共建築もろとも「人目を引く浪費」に落とし入れたのだ！　考古学者然としたアメリカ建築家の行くところどこであれ、彼らはこうしたやり方を「継承《サクシード》」し、それなりの「成功《サクシード》」をおさめたのだった。

もうひとつの現実――連続性

さて次に、創作の源泉の第三、連続性の原則について。これこそ近代建築の本質的な源であり、莫大に膨れ上がった無駄遣いと、人々に対する裏切りを終わらせるものだ。

私はこれを繊細さ《テニユイテイ》とも呼んできた。鋼鉄こそその預言者であり、熟達者である。少々「工学」の分野に立ち入ってお話しすることにしよう。読者の注意力にいささか負担をおかけすることになろうが、それは避けられない苦労なのだ。運の悪いことに、親愛なる読者諸君よ、**近代**にふさわしい建築を理解するには、腰を入れてかかる必要があるのだ。ただし——逆説的だが——もしあなたが技術者ないし建築家としての教育を受け過ぎているなら、むしろ理解に達することは難しいだろう。必要なのは学識ではなく、あなたの心からの納得なのだ。

それはさておき鋼鉄の話を進めていくことにしよう。古典主義建築は、支持材を**鉛直に**立てることとしか知らず、それを柱と呼んだ。古典主義建築は、横架材を**水平に**渡すことしか知らず、それを梁と呼んだ。鉛直の柱の上に梁が載るというあり方が、彼らにとっての構造のすべてなのだった。ここには二種類のものがあり、ひとつが別のものの上に載っている。それぞれ別々の素材でつくられ、様々にくっつけ合わされる。古代の建築はもちろん、一九世紀の建築工学でも、最新流行《ア・ラ・モード》の建物でさえ事は同じ、支柱と梁のふたつを使うという点はそのままにして、それらの材料にはたらく各種応力を減らすことだけを考えてきた。実際、建築というものは、木でも石でも何かの材をまず建てて、それから木でも石でも（あるいは鉄でも）何かその上に載せるというやり方に、長いこと慣れ親しんできたのである。いわば単純な継ぎはぎだ。「古典主義」建築は、かつても今も、すべてこういう雑駁な継ぎはぎの産物なのだ。アーチではこういう性格はいくぶん弱いが、しかしそれでさえ、構造家に「計算」を頼めば、件《くだん》のやり方で「計算」されてしまうのだ。古代ギリシア人たちは、この単純な継ぎはぎ技法を、彼ら一流の上品な趣味にしたがって極限まで洗練した。ギリシア人は真の美容師だった。古代ローマの建築家たちも同様だ。彼らがいったんギリシアを忘れ、梁を湾曲させてアーチにして架けたとき、何かしら、何がしかの新しいきっかけをつかんだのだが、しかし結果としては、同じ範疇に留まったのだ。だが、見ればお分かりになるだろう、怜悧なる鋼鉄が、「古典主義的」寄せ集めによるすべての建築様式の息の根を止めたのだ。数百万に及ぶ古典的死体が、まだ埋葬もされずアメリカの大地を埋め尽くしているが、今ようやく埋葬の手はずが整ったところなのだ。

もちろん、柱と梁という原始的な構築原理は常に有効だ。だが、鉄筋やメッシュ筋の挿入・溶接や、コンクリートの打設といった近代的技法によって、これら支えるものと支えられるものの二者は、物理的に一体になった構造体へとまとめ上げることができる。天井と壁は床と一体化し、連続しあい、互いに補強しあうようになる。このような連続性《コンティニュイティ》が、鋼鉄の繊細《テニュイティ》さによって可能になったのだ。

鋼鉄にせよプラスチックにせよ、建設に用いられるようになった新しい秩序はこう告げているのだ――支柱と梁（そして壁と天井）のふたつをつなげ、一体のものとして捉えよ、と。細い鉄筋が埋め込まれて、材料の内部で耐力を発揮し、鋼材どうしが電気溶接され、材料の内部で一体となる。言い換えれば、鉛直と水平はひとつのもの、共にはたらくものとなったのだ。ここから必然的に新たな形の世界が開かれていく。

どこまでが梁で、どこからが柱かというようなことは、もはや重要でも必要でもない。そんなことは実際には**存在しない**からだ。鋼鉄の引張耐力によって、支えるものは支えられるものへと瞬時に変わり、支えられるものが支えるものへと豹変できるようになった。樹木の幹から伸びる枝と同じことだ。ここから、内部空間に新たな連鎖反応が始まる。これを「連続性」と言っているのだ。我々が**造形性**と呼ぶ新しい美学およびその姿（造形性はまさしく「近代的」な特質だ）は、このような自然のなりゆきの結果なのであり、単なる見てくれではない。こうして造形性は、ありのままの**相貌**、すなわち現実の構造に忠実に沿った**真の美学**になる。躯体に織り込まれた鉄筋は、様々な向きに流し、思いのままに延長していくことができる。こうしてできる延長部は、材料の節約、軽量性、安全性、どの点から見ても、これまで以上の性能を発揮するだろう。片持梁《キャンティレバー》は、第三の構造的源泉が引き起こす重要な変化のうちでも、もっとも単純な相に位置するものであり、そこからさらなる意義が生み出されようとしているのだ。これまで建築では、このことにほとんど注意が払われてこなかった。だがそれは、空間を自由へと解き放つ上で、目覚ましいはたらきを見せるはずだ。

少なくとも三五年前、私自身の作品を通じて、アメリカ建築に造形性という新たな特質がささやかながらもたらされた。当時、溶接やメッシュといった単純な技法でさえ、まだ登場していなかった。しかし、今では建築から支柱と梁という区分を取り除くに至っている。引張耐力を備えた鋼鉄は、メッシュと溶接という手段によって、実際的かつ全体的な造形性へと向かって歩み始めた。建築家が望みさえすれば、すぐにでも実現できるのだ。形と機能はひとつであるという有機的建築の哲学は、いまや**物理的現実**に基づいた**美学の**相貌となって、建築の世界に流れ込んでいる。

我々が「造形性」と呼ぶ、単純化能力を持った魔法についてさらに詳しく説明しよう。まず、あなたの手をご覧になっていただきたい。そこに見られる**柔軟性**《フレキシビリティ》こそ、この魔法のよい例証だ。あなたの手をかくも表現豊かにしているのは何だろう？　流れるような連続した線、ひとつながりになった面。これらが手の骨格構造の分節と組み立てを、連続したひとつの全体として見せている。その線はまさに「手の」線である。変化する面は「手の」面である。もし、手の皮を引き剝いて、関節で連なった骨格構造（これが柱と梁に相当する）をあらわにすれば、手の表現となっていた造形性は失われてしまうだろう。古代さながらの接続部、分断、段差、ジョイント、すなわちものとものをつなぎ合わせ、部材と部材を寄せ集める「古典主義の」水準へと退行してしまうのだ。造形性というのは、このような古代の寄せ集めとは正反対のものだ。そういう理念が、単純化された直線と平面から生まれる自由で新しい効果の背後にある。

私は、この意味での造形性が、三五年以上も前から意識的な美学的理念として存在してきたと述べてきた。それは、有機的作品を機械加工によって作り出すために必要な単純化を目指したものだった。これが、私の作品において実際に起きたことなのだ。造形性（物理的連続性）の新しい美学は、いまや明確化された輪郭、表現豊かな表面という有用な手段となった。これを用いることによって、我々はアメリカ建築を有機的かつ統合的な、すぐれた物理的実体としてつくりあげることができるのだ。

もちろん文字通りの単純性によってごまかすことはたやすい。「古典主義的」構成によってお茶を濁すのと同じくらい簡単なことだ。ゆえに、残念なことに、「近代主義風」の建築画伯たちは、こころ赴くままに偽物をでっちあげ、「偽物効果」をもたらす新しい機会を手にして喜ぶことになるというわけだ。おそらく、さあ、また新しいルネサンスがやって来た、といったところなのだろう。

手のひとつらなりの線と面が手の構造を包み込む、そのような造形性が現実の建設の純粋な表現となりさえすれば、統合的建築はもはや手の届くところにある。鋼鉄が登場したとき、私はまず、その連続性をコンクリートスラブの補強処理に用い、ついで、ロサンゼルスにいたころに開発したコンクリートブロックシステムに応用したのだった。帝国ホテルを崩壊から救ったのが、この繊細さという手段を通じた新たな簡素化であった。それは、片持梁あるいは水平の連続という形となって作品に取り入れられていたのだ。だが、それは建物の文法として十分表現されないままに終わった。理由はいろいろあるが、主として、建物を東京にふさわしく見えるようにするためだった。

その後、ニューヨーク市のセント・マークス・タワー[44]の設計を行った際、この新しい実行可能な原則はさらに磨かれた感覚に達し、資材と労務を節約し、自由自在な空間をつくりだした。構造には力学的安定性に基づいた明確な輪郭が与えられた。偽物の組積造風をつくっていれば、せいぜい重々しい外形を明確化して終わりになるところだ。構造の抽象的なパターンによって、形と理念が溶けあった完全な構造的一体性を獲得した。まるで樹の姿のようだった。樹の格好を模倣するわけではない、効果としての類似であった。

連続性は常に労務と資材、そして空間の節約をもたらした。残念なことに、設計の資料になるデータはまだほとんどない。今後何年にもわたって実験を重ね、知見を蓄積して、計算尺を操る技術者たちの用に供するようにしなくてはいけない。

古代のオーダーには、材料の節約という観点はほとんど含まれていなかった。全体構造が重々しく見えれば見えるほど、古代人にとっては美しく見えたのである。しかし、これまで述べてきたような新しい合理的で内発的な力、プラスチックのシートや鉄筋の網目に作用する張力によって導かれた今日の機械時代の美的感覚に照らして見れば、古代のオーダーは、ミケランジェロのドームと同様、重々しさにとらわれていたに過ぎないとみなされるであろう。むしろ弱さこそ……なぜなら、もはや支えるものと支えられるものの役割分担は存在せず、互いに補強しあい支えあって、全体として荷重に抵抗し、風雨の擾乱に抵抗するのだから。

この**繊細さ**というきわめて新しい源泉――すなわち鋼鉄の性質――建物のなかに**張力**を導入できるという性質(ジョン・レーブリンクのブルックリン橋[45]に、そのさきがけをみることができよう)は、古代建築にはまったくなかったものだ。鋼鉄がまだ登場していなかったのだから、建物に用いられるはずもなかった。

ついに、細い繊維や薄い板を構造材料としてふつうに用いる時代がやってきた。今日では、連続性を備えた要素によって、構造材をほとんど半分に減らすことができる。不必要なものを整理すれば、半分のさらに半分にまで削ぎ落とせるかもしれない。これこそ、私が「造形性」と呼ぶ単純化のおかげなのだ。

工場での大量生産を活用すれば、さらに目覚ましい経済性が達成できるだろう。よくできた機械ですでに実現している状態に、近代建築も近づきつつあるのだ。もし、規格化が人間的なものとなり、設計で柔軟に活用できるようになって、さらに経済性の恩恵が広く建築主たちにゆきわたれば、我々の近代的生活の実現にとって、この上ない力となるだろう。そういう生活が本当に誕生するかも知れない——私の言う民主主義が。

しかし、この大量生産という事情にデザインが巻き込まれると、かなり込みいったことになる。さきほど述べたとおり、建築法規それ自体と、現在訓練されている構造技術者の無知という障害が、ほとんど不可避に立ちはだかるだろうということだ。しかし技術者のほうは徐々に学び始めている。いくつかのことについてはモデル化して計算できるようになってきた——なかでもプリンストンのベッグス教授は特筆に値しよう。

私の見る限り建築法規は、それを決めた人々もろとも、滅びゆくほかないようだ。

あるがままの素材

第一にあげた統合性と、それに引き続いて述べたふたつの新たな創作の源泉は、建築と呼ぶにふさわしい建物の内的本性から現れたものだった――だとすると今度は、自然の流れから言って、良い建物の真の内的本性、ここから第四の新たな源泉が現れるのだ。これは、建設に用いられる素材の本性を再認識することによって、とらえられたものだ。

様々な素材には、それぞれ違った魅力的性格がある。これを建物の建設に利用すれば、建築の形を自ずと高め、変調させ、そしてついには、その形すべてを文字どおり刷新することになる。

石造の建物はもうなくなるだろうし、それが鋼構造の建物のように見えることもないだろう。陶板やテラコッタの外装をめぐらせた建物も早晩なくなるだろうし、それが石造らしく見せかけられるべきでもない。木造の建物は、他のいかなるものにも見せかけられず、その軸組の美しさを活かして建てられるだろう。鋼鉄とガラスの建物は、ほかならぬそれそのものとして見られる以外にない。すなわち、鋼鉄とガラスを祝福するのだ。これと同じことが、我々が手にしているすべての建築材料にあてはまる。石材、木材、コンクリート、金属、ガラス、布地、パルプ、プラスチック……。今日我々が手にしているのは、古代建築とは比べようもない、きわめて豊かな可能性なのだ。だからこそ、古代建築への偏愛は、我らが近代建築に対する障害以外の何ものでもない。

お解りになるだろうが、この点において建築は、自然のあらゆる事物に潜んでいる自然の源泉から学ぶということに、立ち戻ろうとしているのだ。

有機的建築を生み出そうという知性ある建築家たちは、古めかしいすりきれたがらくたの山に対し、どうしても背を向けざるを得ない。こうしたものに連なる古典的折衷主義が、我々が新たな地平に進むのを阻んでいるのだ。私が考える限り、建築というのは、まず**内心**の人格と品格に由来するのであり、それが人間の行いとなって、社会的意味を獲得していくのだ。最初のうちは困惑と衝撃をもって受け止められるかもしれない。だが、人々のそういう恐れの唯一の根拠は、彼らが真面目にかつ徹底的に**建設的**だという事実にある。

あらゆる形の見せかけは、本質的に現実を恐れ、それを嫌悪する。偽善者は常に根本主義者《ラジカル》を嫌悪する。

素材の本性――この有能なる第四の源泉が、作品に用いられるすべての素材の共通の核心とならねばならない。このことは、建築家がそもそもの最初からもう一度やり直さなければならないということを、ここで再び意味することになる。自然の命ずるところにしたがって進みつつ、設計者は、手にする素材が何であれ、それを彼の目標に向かって、この時代の人間たるにふさわしい方法と判断力に則って、分別をもって取り扱っていかなければならない。私が自然と言うとき、それは建築家によって見抜かれる、その設計のすべてにわたる固有の**構造**を意味している。**自然のパターン**は常にそこにあるのだ。素材の内にあるこの深遠な感覚が、建築というもののなかに導入されようとしている。この新しい源泉の第五項こそ、近代建築家の心をとらえ、創造的な仕事へとかりたてるものに違いない。この第五項は建築家の想像力に——それが、学校教育によって滅ぼされていない限り——新たな生命を与えるのだ。

そして、そこに含まれている避けがたい必然！　新しい機械時代の創作の源泉は、必然的に作品相互が**似かよわない**ように要求する。新たな理念が、すべての建物に対して一律に、鉄骨造であるべきだとか、コンクリートあるいはガラスでつくられるべきだとか、指図するわけでは**ない**。そういうことは馬鹿馬鹿しい浪費に終わるだけだ。

同様に、これらの源泉の出現によって、組積材料に固有の量塊の美しさが、今後無効になったということも**ない**。そうならばそうと、純粋に、素直に用いさえすればよいのだ。この複雑な時代、我々には莫大な形の多様性をつくりだす資格が与えられており、それを素直に形として実現する任務が与えられている——そうして、我々は建築の発展に仕え、そうしてつくられた建築が、人間の生活に捧げられるのだ。

翻って、建築家たちは、この地球上で最も多様な素材に恵まれた我々の国土において、よく訓練された想像力をはたらかせなければならない。すなわち、自然材料であろうと、合成材料のプラスチックであろうと、それ自体に**内在する様式**を見抜かなければならないのだ。いかなる材料にも美しくなる可能性がある。その実現は完全に建築家の手腕にかかっているのだ。

近代的建物に用いることができる素材——木材、石材、鉄鋼、窯業材料、コンクリート、ガラス、さらにパルプ、プラスチックに至る幅広い素材が我々の手中にある。「内在」という感覚が夜明けを迎え、新たな現実となっているのだから、すべてこれらの素材は、それがつくりあげる実際の建物に基本的なモチーフを与えることになる。建物の建設に用いられる素材は、その適切な量塊を定め、さらにその輪郭、そして何よりも比例を定めることにつながっていく。素材固有の**性格**こそ、すべての建物、すべての工業製品の形を見定める判断基準だ。そしてこの新たな秩序の新たな理念に照らされたものこそ、建築という名にふさわしいものなのだ。

新たなる統合性

奇妙なことだ！　時ここに至って、ほかならぬ近代建築が、設計者に生活を生活として見ることを学ぶ生活を求めることになろうとは。なぜなら建築は、煉瓦を煉瓦として見、鋼鉄を鋼鉄として学び、ガラスをガラスとして見ることを学ばなければならないのだから。それゆえ近代の思想は、生活のすべての面にわたって、銀行は銀行らしく（銀行をどんな格好にできるか、という悪い考え方を捨てて）あることを迫るのであり、見せかけの付柱をして箔をつけようなどということに頼らないようにと迫るのである。新しい建築は、生活のすべての面にわたって、次のように要求する。オフィスビルはオフィスビルらしく見えなければならない。たとえその本当の姿が、蜂の巣の断面のように味も素っ気もないものだったとしてもである。生活は、自らの尊厳を擁護しつつ、次の通り主張する。ホテルはホテルらしく見えるように保つべきであって、決してオフィスビルのようになってしまってはいけない。さらに生活は宣言する。鉄道駅は鉄道駅らしく見えるべきなのであり、古代の神殿や専制君主のパラッツォらしく見せようと身をやつす必要はない。こう考えていくと、なぜオペラを観るためにオペラを観るにふさわしい建物——もしオペラというものが必要だとすれば——を求めないのだろう、という疑問に行きつく。それが金ぴかと赤じゅうたんの古代ローマ浴場でなければならない理由はどこにあるのか。生活は宣言する。ガソリンスタンドはガソリンスタンドのなすべき仕事に忠実でなければならず、ゆえにそれに似つかわしい姿でなければならない。なぜそれに矮小化した植民地様式《コロニアル》をまとわせたり、あるいは逆にポンプを路上にほったらかしにしたりするのだろうか。確かに、偽物の植民地様式よりは「裸のポンプ」の方が幾分ましかも知れないが。よき生活を送るためには、学校には豊かな空間がなければならない。それは熟慮を凝らして建てられた、よい時間を過ごせる場所、子供たちに幸せを感じさせるような場所でなければならない。建物は平屋でなければならず、頭上から適度な光を取り込み、子供達をまるで陽光ふりそそぐ庭にいるかのように扱わなくてはならない。住まいが何たるか知る人々にとって、家は必然的に近代建築だ。これは生活そのものの要求である。誰もが自分自身の住宅、自らの生活に合った住まいを手に入れるべきだ。間違っても連邦住宅局《FHA》のやっていることに、誰ひとり巻き込まれてしまってはいけない。本当にそうなりかねないのだが、やつらのせいで住み手は、せっかく手に入れた自分の住まいを、実は単に売り払うためだけに建てていた、というような運命に陥れられようとしているのだ。我らが政府は、住まいを欲し、住まいを建てようとする人々を、強制的に不動産ビジネスに追いやろうとしているのだ。

いや、結局のところ、こうした一連の思索の源にあるのは、わずか三〇年前にシカゴの建築から始まったまったく新しい常識なのだ。そこで生まれたものが、私の作品の中で成長を遂げ、世界中の仕事のなかで広く発展しつづけている。しかし、あえて傲慢の誹りを恐れず言葉を強くして言えば、こうした考えは、実際にはまだまだ珍しいものなのであり、あのころと比べ、ほんの少々特殊でなくなったに過ぎない。だが、そのあらわれは急速に広がりつつあるのだ。

そして統合的な装飾！

さて、ようやく第五の創作の源泉にたどりついた。それは古くから続くものの、今、新たな意義が見出されることを待っている源泉だ。これこそ、統合的な装飾——すなわち実際の建設行為がつくり出す自然のパターンである。ここに、真の意義へと向かう魂の欲求に対応した、近代建築における主観的要素が現れるのだ。この要素を理解することは難しい。近代建築家自身、完全な理解からは、まだほど遠いようだ。彼らのほとんどは、まるで感性を失っ《インポテンス》たかのように、これに背を向け、怒りを込めて反対さえする始末だ。

ただ、確かに次のことは真実だ。この絶大かつ強力なる人間的意義が力を及ぼしうるのは、この上ない想像力に恵まれた人々、すなわち、芸術家としての手腕と比例感覚の才能について、何らかの向上を果たした人々に対してだけである。それ以外の人にはいかなる影響も及ぼしはしない。だからこそ我々は、想像力の王国において、いっそう高い水準を目指さなければならない。ここから先に進むには、どうしても必要なことだ。今、我々は詩の領域に踏み込んでいるのだから。

今では、かなり多くの人々がよい散文を書けるようになっている。だが、詩を書くことはまったくできないのだ。現在の流行は言うならばスタッカート奏法[46]のようなものだと言えるだろう。「機能主義者」の捉え方が現在の著述文体の主流になっているのと同じことだ——そう、詩的な散文で書くなど、望ましいことではないのだから。だが、退屈な詩を黙ってやり過ごせる者などいるだろうか？　愚かにもそういうものを書こうとしている当人でさえ、そうしようとは思わないだろう。

だからこそ私は言うのだ。すでに述べた第四の新たな源泉と、新しい意義と統合を求めるこの第五の要求とは、**建物と一体不可分となった装飾**、すなわち、それ自体が**詩の水準にまで高められた建物**なのである。私は早まって危険な概念をもてあそんでいるのかもしれない。「詩」という言葉は、確かに危険なものに違いない。

ここまで私は、装飾と言う代わりに「パターン」という言葉を用いてきた。これは、無用の誤解を避け、過ぎ去った虚栄心から身をかわすためにしたことである。しかしこれ以降、装飾にはきちんとした地位が保証される。装飾とは、もはや単に**人間の想像力によって質を高められた表面**を意味するものではなく、構造に**自然のパターン**を与える想像力を意味するのである。おそらくこの定義以上の説明は不要であろう。この創作の源泉――統合的装飾性――は、少なくとも、表面の質を高める想像力――それでも貴重な源泉であるには違いないが――を超えるという点で、世界の建築のなかでも新しいものだ。それはいっそう強力な手段、すなわち、**構造それ自体に自然なパターンを与える想像力**なのだ。ここに我々は、本当に新しい意義を手にする！　その意義を、学者ぶった建築家はとうに失っていた。趣味をもてあそぶ者は、そそくさとシンボルに飛びつき、そこに安住してしまったのだ。

こうして見ると、素材の本性に発し、それに即して生まれるパターンというこの構造の表現は、単なる現実的必要性が指し示す目標よりもさらに先へと、我々を導いていくのではなかろうか？「もしもパンをひとつ手に入れたなら、それをふたつに割って、半分を水仙の花に換えよ。パンは身体を養い、花は魂を養うからである」[47]。

彫刻や絵画と同じく、建築が人々の心をこのような想像力の高き域へと導くものだとするならば、建物は古代のオーダーをもてあそぶ建築屋の手から引き離され、今日の近代的手段に完全に委ねられるべきだ。
建物全体に対し、これまでになかった優れた構造的実体を与え、いっそう偉大な人間的意義を与えるものこそ、ほかならぬこの最後の詩的源泉である。この見解は、左翼的傾向の強い現在では、確かに異端的なものであろう——だからこそ我々は問う、「どのようにしてそれが実現し、そしていつ実現されるのか?」さらに、読者はこう問うかも知れない——誰が実現するのか? 真の**詩人**によって。これが答えだ。では、その詩人は今どこにいるのか? それは、ただ時のみぞ知る。

ここで再び、中国の王士禎の言葉を思い起こしてみよう——「詩は心の響きである」。だから、これと同じ尋常ならざる感覚のもとにある統合的装飾とは、全体としての建物の感覚の延長線上にあるもの、**構造そのものの抽象的パターン**の表明なのだ。さらに言い換えてみよう。統合的装飾とは、単純に言えば、**眼に見える分節がつくり出す構造のパターン**であり、それは、樹木や野に咲く百合の構造的分節と同じく、建物そのものの中に見出される。すなわち、形態の内なる律動のあらわれだ。ここで私は様式について語っているのだろうか? そう、だいぶ近い。いずれにせよ我々は質について語っているのであり、建物を単に建物たらしめる行為以上の行為、すなわち、**本物の建築**を生み出す質について語っているのである。

ここで私が統合的装飾と呼んでいるものは、ベートーヴェンの第五番[48]と同じ有機的単純性の上に形づくられるものだ。この曲の音響が生み出す激情と荘厳さの驚くべき変転は、たった四つの音から組み立てられており、しかもそれは、子供が指一本でピアノをたたいて再現することのできるリズムに基づいている。最高の想像力が、この単純な四つの音のリズムを壮大な音響詩へと育て上げ、おそらく世界随一の高貴さをたたえた思想的建築物へと結晶させたのだ。音楽が交響曲へと昇華するこの潜在能力と同じものが、建築にも秘められているはずだ。

だが、生活の原理をいっそう明確かつ美しく表現し、建物にさらなる発展を導こうということに考えが及んだその瞬間、次の警告が発せられることになる。すなわち、装飾を貼り付けた建物をつくるぐらいなら、左翼性の装飾恐怖症[49]にかかって死ぬ方がまだましだということだ。そうでなければ、逆に、右寄りの建築家たちが**装飾中毒症**[50]を患って恥多き死を迎えるのを目撃するだけなのだ。あらゆる時代物の建物、偽物の古典主義の建物と同様、自ら国際主義者を標榜するほとんどの異議申立人《プロテスタント》の建物は（作者自身は気付いていないようだが）、実際、真にいかがわしい意味で装飾的である。まっすぐな面で切り取られた形は、それ自体のためである。形は大胆かつ単純であっても、それは、この時代の洗練された趣味がそう命ずるからそうしたに過ぎず、だから軒下に走る装飾の帯《エッグ・アンド・ダート》にいささかも劣らず装飾的なのだ。こうした建物はすべて、いかがわしい、裏がえしの意味で「装飾的」だ。なぜなら、古典主義の古くさいオーダーをまとった建物と同じく、**第一**の統合の**本性**を無視し、四つの創作の源泉を無視し、素材に働きかける機械の本性を無視しているからだ。その当然のなりゆきとして、両者ともに時間、場所、そして近代の人間生活の本性を読み誤る。

　こうして現れた新たな左翼的焼き直しは、ただの「〇〇主義風《イスティック》」に過ぎない。原則を無視し、ただ機械の「見かけ」だけを取り込み、何か「新しい」ものに見せかけようとしているだけなのだ。まさに「〇〇信者《イット》」の本領発揮だ。

だから、いわゆる「国際主義者」あるいは「近代主義風」の建物のほとんどには、有機的建築へと至る真の道は示されていないのだ。そのような建築のなかに見ることのできるのは、ただ目新しい表面的な美学が売り買いされるありさまだけだ。そのわけは、我々の建築家のほとんどを蝕んでいる教育が、建築を過ぎ去ったもの、過ぎ去りつつあるもの、これから過ぎ去りゆくものの、ある種の折衷主義だと刷り込むからだ。

　しかし、以上すべてにもかかわらず、もし我々が統合性を備えた建物を手に入れるのでなければ、機械を物真似した建物を手にする方がまだましなのである。少なくとも、我々が真の感覚にあふれる建物を手にすることができるまでは。「住むための機械」[51]は何も産み出しはしないが、しかしそれゆえ、より安全なのだ。私はそう思う。古代様式の雪だるまよりはずっと。

巨大なる力

奴隷制よりもはるかに強大な力、ギリシア学派のような知的奴隷制をも凌ぐ力が、機械時代の意義と統合性へと向かう五つの源泉の背後にある。驚くべき、恐るべき力。それは機械それ自体が及ぼしつつある力だ。いまやその本領を発揮するに至った機械は、新たな黙示《インプリシティ》と共謀《コンプリシティ》を、建築のあらゆる面で証していくことだろう。そしてそれは、新たなる単純性によって制御されない限り、早晩、それ自身を破壊することになるはずだ。

生活の意義をよりよく実現するためには、これらの新たな創作の源泉を正しく活かし、人類のために、統合性を保って、すべてを共調させて用いることが必要だ。すでに実現したとは言えないまでも、少なくとも有機的建築によって予言された気高き生活の意義。我が国における生活が、伸びゆく地平線の導く新たなる自由のもとで、完璧かつ喜びをもって生きられる可能性は信じられてよい。なぜなら、地平線はいまや偉大なる建築の王道となり、平滑な面はいまや地域的な広がりとなり、統合的なパターンは「ユーソニア人[52]の心の響き」となるからである。

私は、この伸びゆく地平線を、人間性を導く真の大地の線、そして変わることのない自由の表象であると思う。

広がりゆく面は、無限に延長していく地平面である。ここにこそ、大地の上にある人間の自由、自らのものとすることのできる自由がある。

建築におけるこの新たな感覚、これまで述べてきた統合的なパターンが、アメリカ合衆国に生き生きとした美をよみがえらせるかもしれない。ユーソニアにおける個人の意志の地平は、この巨大なる力、すなわち機械の力を、優れた知性をもって操ることによって、無限に拡張されていくことになるだろう。だがそのためには、その力が人間性に忠実な、創造的な手に委ねられなければならない。

ミネアポリスのマルコルム・ウィレイ学部長邸の第一案。ルーフデッキの上に居間、台所、ワークスペースが載り、寝室は庭のレベルにある。1934年時点のコストは16,000ドル。

続くページに掲げるのは、「ガーデンウォール」と名付けた1934年の作品である。マルコルム・ウィレイ学部長、ナンシー・ウィレイ夫人のための住宅で、彼女が依頼主を代表した。建設費は10,000ドルであった。排水のよい砂利と砂の地業に3インチ［約7.6センチメートル］のコンクリート基盤を打設し、煉瓦で舗装した上に建物が載っている。コンクリートの基盤とは、間仕切り壁の真下でつなげられている。素材の本性を発揮させるために、砂を固めて造った煉瓦ブロックの帯を、通常の舗装用煉瓦と互い違いに並べて外観にあらわした。セイヨウヒノキの窓枠は無塗装、内部に露出する部分はワックスがけのみとした。

この家は、南向きに傾斜した眺めのよい敷地に、その北西の角を回り込むようにして建っている。平面は、ウィレイ一家を近隣から護るようになっている。囲い込まれた小さな庭。そして何よりも安全な覆いの下で、眺めを取り込むことに成功している。建設業者や友人たちの心配をよそに、暖炉は煙を完全に吸い込むことに成功した。床面は、気温がマイナス30度［摂氏約マイナス34度］になっても快適さを保った。外壁の裏面に霜が降りることもなかった。この家はまったく「近代主義風」ではないが、内外への眺めによって、近代的な空間感覚を強調している。この家では、覆いの感覚、空間の感覚、素材の感覚、そして全体構造の目的のあいだに、よいバランス（言うならばよい比例）がとられている。この建物は、25年おきにシングルぶきの屋根をふきかえ、タイルを貼りかえさえすれば、幾百年もの使用に耐えられるよう配慮されている。おそらくこの北部地域の住宅は、この移り変わりの激しい時代の中で、家族というものが望み得る限り、永続的な人間の住み家にもっとも近づいたものだと言えるだろう。

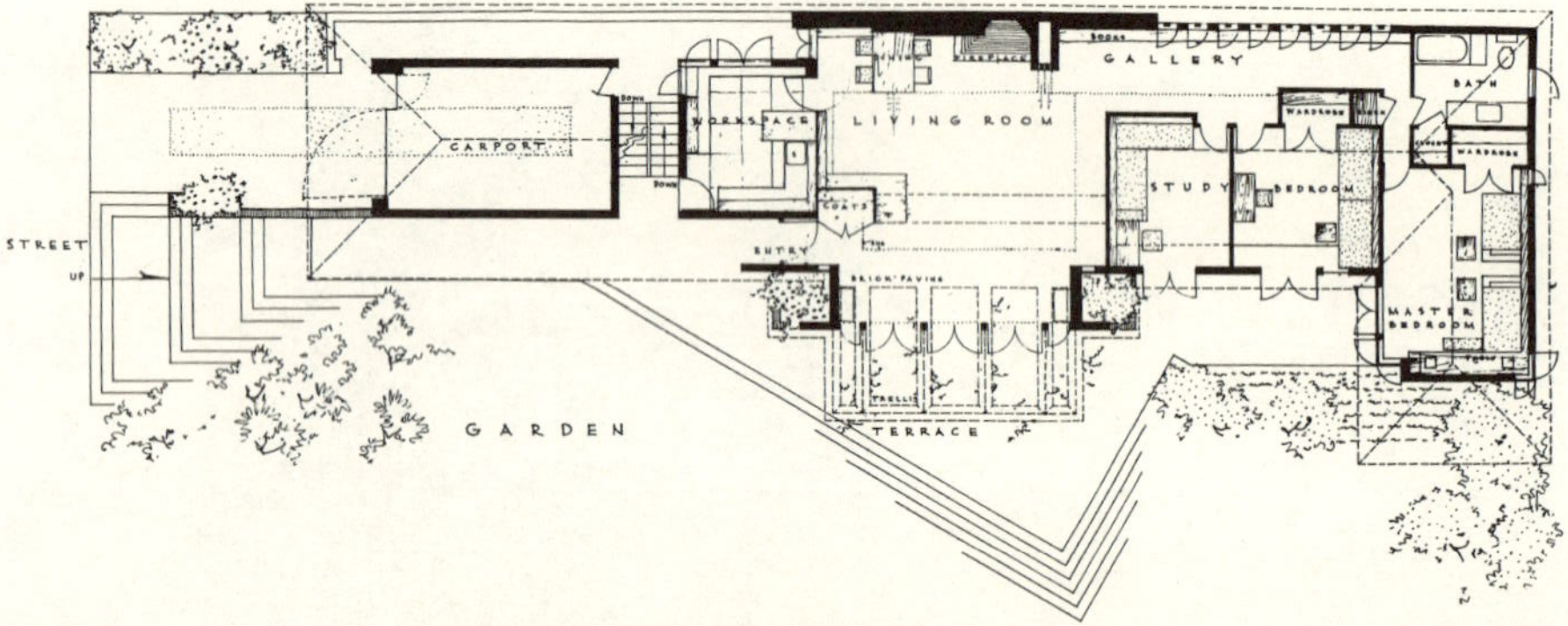

マルコルム・ウィレイ邸、ミネソタ州ミネアポリス。1934年時点のコストは10,000ドル。

ウィレイ邸の南側。外構床、壁、暖炉に用いられているのは、縞模様をなす暗赤色の煉瓦と舗装用煉瓦。

〔ウィレイ邸〕
ガラスで仕切られたワークスペース［キッチン］から、食事室、さらに暖炉の先の居間を見通す。

〔ウィレイ邸〕
廊下に造り付けられた本棚のライン。煉瓦敷きの床。枠と扉はワックスがけのセイヨウヒノキ。

〔ウィレイ邸〕暖炉脇の食卓のしつらえ。ガラスのスクリーンは、ワークスペースに通じる。

〔ウィレイ邸〕居間に配された赤煉瓦の暖炉。床や壁と同じ縞模様が見える。

〔ウィレイ邸〕11月はじめの様子。南側を見る。居間のガラス戸の上に、木製の水平格子が差しかかる。

ユーソニアン住宅1

経済的な住宅を開発すること。これは、アメリカにとっての建築上の大問題であるばかりでなく、その名だたる建築家たちにとっての難問でもある。私は自分自身が納得でき、かつユーソニアが満足するかたちで、この問題を解決したいと思っていた。当時、何にもまして心をとらえていたのがこの問題だった。もうひとつ、本格的な演劇にふさわしい近代的劇場についても関心があったが、こちらのほうは「映画」にやられて死滅してしまった。経済的な住宅の問題を真に解決する上で、我が国が直面している主たる障害は、我が国民自身が、いかに生きるべきか、まるで理解していないというところにある。そして、自己の性癖を自分の「趣味」であると勘違いし、自己の虚栄心を芸術への愛であると勘違いし、自己の無知を美徳であると勘違いするのだ——生活の美を慮るからこそ落ちる陥穽である。

　もっと具体的に言おう。小路の傍らの小さな家にも、何かしらの魅力があるだろう。大通りに構える大邸宅のまねさえしなければ。同じことがユーソニアの村にも言える。それは大いなる魅力を備えている。大都会のまねさえしなければ。さらに同様の例。ひなびた農場で働く若い娘さん《マリーゴールド》、寒いさむい冬の日、そのかわいらしい鼻先に結ぶ宝石のような露。彼女がこの国にふさわしく、その仕事にふさわしい服を着ていたなら、きっと魅力的に映る姿だろう。だが、もしシアーズ・ローバック百貨店[53]に並んでいるような服を着ていたとしたら、いささか馬鹿馬鹿しく見えても無理はない。ハリウッド・スターを気取る都会娘をさらに気取った服、口紅、頬紅、ハイヒール、シルクのストッキング、ベルスカート、縁の反り上がった帽子。こういう装いは、彼女の魅力を台無しにしてしまうのだ。確かなことは、この種の「買い手を喰った」ビジネスが、我がアメリカ合衆国の建築の進歩に立ちはだかる障害であるということだ。こうした地域的[54]な「文化程度の差」、その差こそが、人間、事物、思想を単純さから遠ざけ、それ本来の姿に帰ることを妨げているのだ。純粋なるユーソニア文化に対する真の障害だ。

　我々が求めている新しい家、自らの文化に根ざした家とは、こうしたものとは根本的に違うのだ——都会かぶれの「趣味人」連中が欲する家にかかわりあっている暇はない！　求めるべきは、生活を単純化すると同時に、生活にいっそうの優雅さを添えるパターンとなる家、すなわち、我々が今日暮らしているこの国にふさわしい家、我々の生活の事情にかなった家、それゆえ必然的に新しい家なのである。

経済的な住宅の開発は、いずれ危急かつ現実の問題として直面せざるを得ないものだ。なぜ今、それに取り組もうとしないのか？　マスコミは政府が何百万戸も建てている一時しのぎの家を囃し立てるが、そうしたものは目標からはほど遠いものだ。

私にとって、あれこれの様式を貼付けた家は、馬鹿げた問題のすりかえであり、実際、そこには何の統合性もない。**様式を備える**のは重要だが、**ある様式に従う**のは重要でも何でもない。**様式を備えつつ**仕事するということと、**ある特定の様式を追って**仕事するということはまったく別のことだ。

私はこのことを四五年ものあいだ主張し続けている。

よりよい成果に向けたあらゆる努力にもかかわらず、アメリカの「小さな家」は、いまだに危急かつ切迫した問題、渇望されながらも混乱した問題として残されている。だが、長々と続いた茶番の終盤になってから公的機関を登板させたからといって、よい結果が生まれるものだろうか？　私は、現在の教育や巨大ビジネスが、求められている家をもたらすことは絶対ないと思う。同様に、才気走った宣伝の専門家や、プロの流線形装飾屋からもたらされることもないだろう。建物をよりよいものとする道を確かならしめるのは、ただ、常識を超えた常識だけなのだ。

我々の時代と場所にあった経済的な家を実現するために、もっとも理にかなった道とは何だろうか？　私の最初の試み、ウィスコンシン州マジソンにあるハーバート・ジェイコブス邸がどれくらい理にかなっているか、ここで見てみることにしよう。若きジャーナリストとその妻、幼い娘のために、一九三七年に建てた家である。コストは五五〇〇ドル、うち四五〇ドルは設計料。工事はP・G・グローブ社が請け負った。

ささやかなジェイコブスの家庭が、時代の恩恵を受けられるようにするには、様々な単純化が必要だった。ジェイコブス夫妻は、自らの生活様式をもっと単純なものへと理解し直さなければならなかった。典型的課題とも言えるこの家の設計で、どんな基本的判断が下されたのだろうか？　それは、複雑な施工作業の無駄を省くこと、工場製作を活用してその利点を得ること、コストのかかる現場作業をできる限りやめること、さらに暖房、照明、衛生という三つの設備システムを整理、統合することである。空間性と眺めの感覚を達成し、住み手を自由へと解放するためには、少なくともこの程度の節約は認めねばならないだろう。さらに、もし建物をひとつのまとまった作業で完成できれば理想的だ。内部と外部がひとつの作業で完成するようにすべきなのだ。この家では、外装工事が完了すると同時に内装工事も終わっている。屋根も複雑になってはいけない。棟、谷、屋根窓《ドーマー》などによって屋根の形が複雑化すると、建物の耐久性は落ちてしまう。

空間感覚に新たな個性を与える上で、窓のつくりは、もっとも利用しがいのある源泉のひとつだ。窓は、工場で一体に組み上げておき、壁パネルのように建て込んでいくことができる。もはや扉と窓を別々に扱う意味はない。一体化された壁面は、言い換えれば一種の開口部システムなのであり、それは建物の造形のなかに確固たる位置を占める——顔に眼が欠かせないのと同様、このシステムがデザインの重要な一部となるのだ。

では、何が除去できるか、ひとつずつ検討していこう。

1　外から見えるようなせいの高い屋根は、コストがかかり、かつ不必要。

2　車庫はもはや不要。車はそうつくられている。車寄せは役に立つ。頭上に広がる覆いと壁が二面あればよい。デトロイトは、じゃじゃ馬を飼い馴らす貸馬車屋の気概をいまだに守っているらしい。車とは一種の馬であり、どこかにつないでおかねばならないと思っているようだ。

3　古めかしい地下室も不要。ただし、常なる悩みの種、燃料庫と暖房機械室を除く。推奨に値するのは、蒸気管を打ち込んだ四インチ［約一〇センチメートル］厚のコンクリート板である。これを砂利地業の上に直接敷設する。

4　内部の「縁取《トリム》り」は、もはや不必要。

5　ラジエータは不要。照明器具も不要である。家自体が——床のなかから、あるいはその間の層から——「発熱する」ようにするのだ。配電システムは、照明器具にも転用できる。光を天井面にあてて反射させるようにし、間接光を得る。ただしフロアランプのために、コンセントをいくつか出しておく必要がある。

6　家具、写真、骨董品などはすべて不要。なぜなら壁そのものがその役割を果たし、あるいは**それ自体になる**のだから。

7　ペンキ塗りは一切不要。木材は生地がもっとも長もちする。樹脂入りの透明オイ

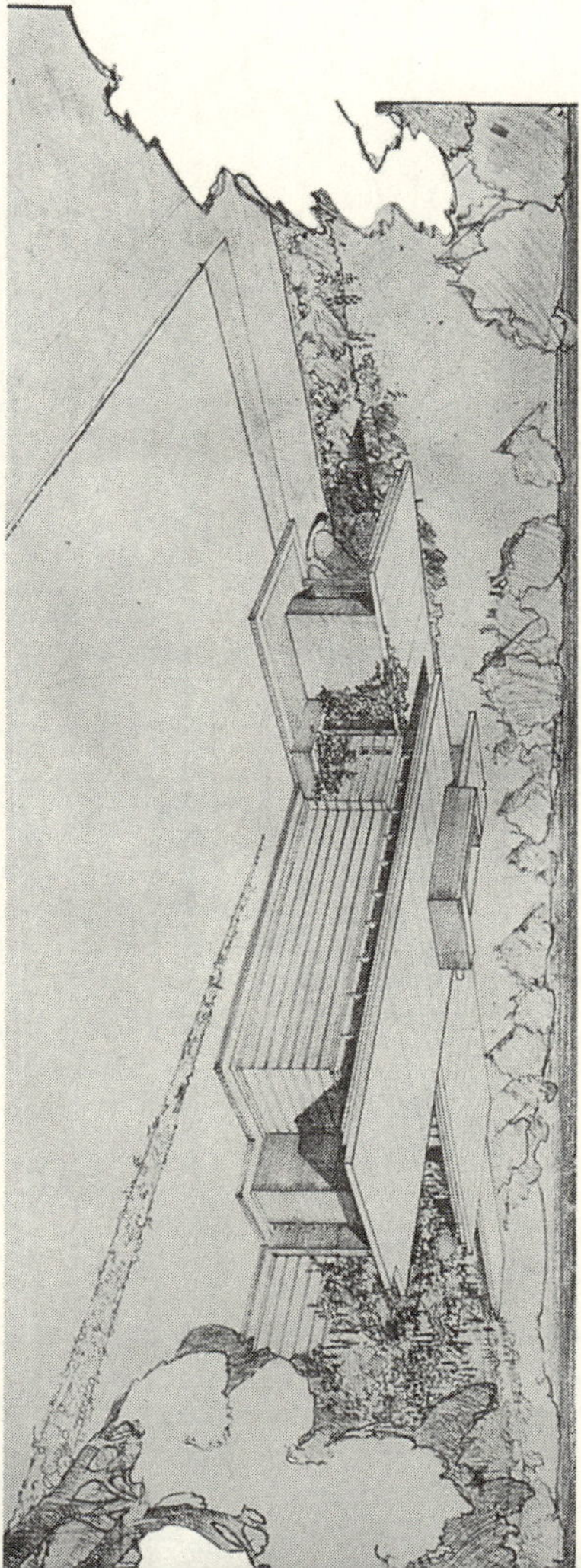

ジェイコブス邸の初期スケッチ2葉〔前ページも〕。重力暖房［床暖房］を装備した最初の住宅。床スラブ内に蒸気管を埋設。1937年。

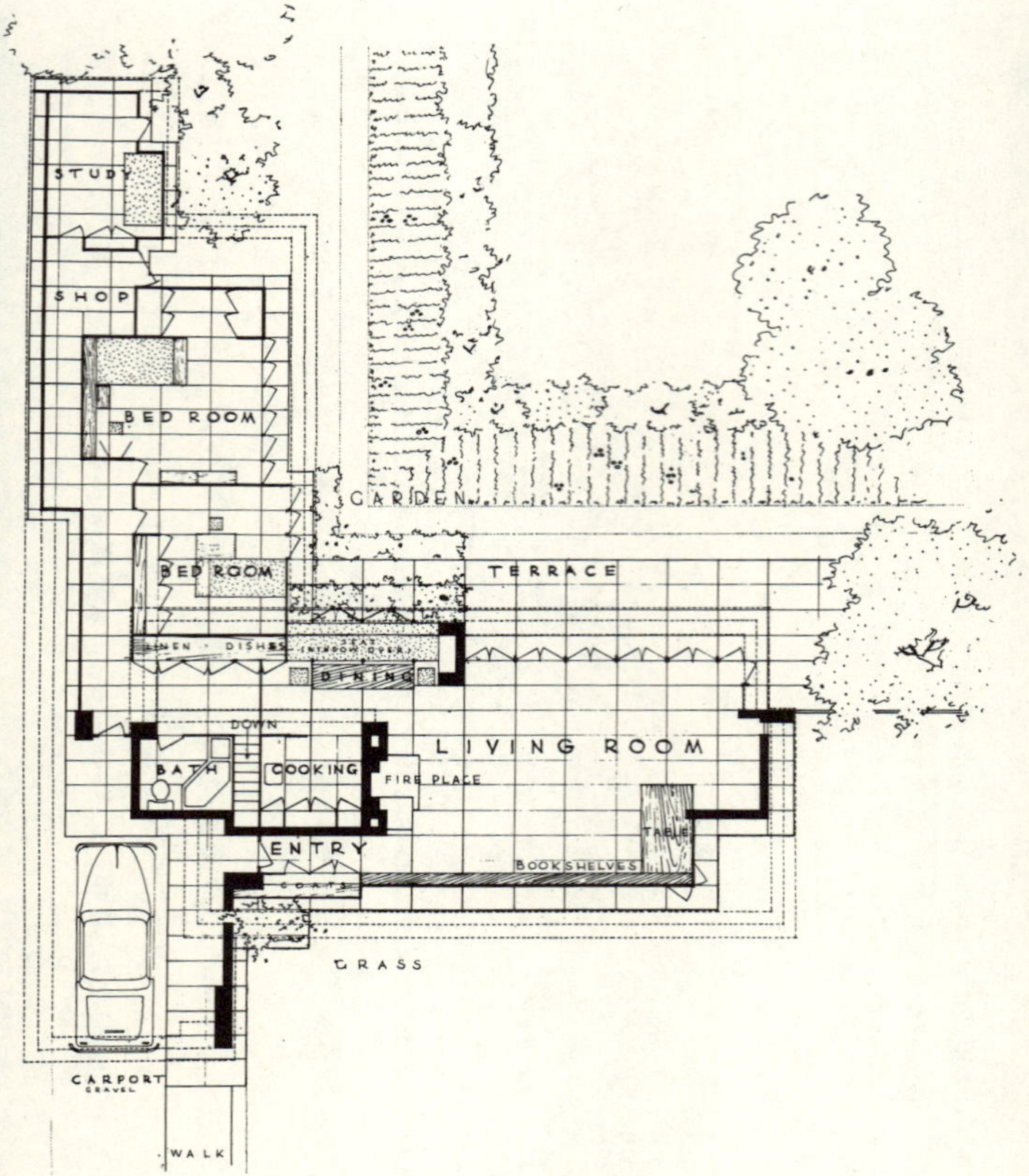

ハーバート・ジェイコブス第１邸。ウィスコンシン州マジソン近郊ウエストモアランド。1937年のコストは5,500ドル。設計料を含む。

ジェイコブス邸。このユーソニアン住宅は、住人のプライバシーを護るため、道路に背を向けて建っている。

ルをかけるだけで十分。ただ、コンクリート目地切りの床面だけは、オイルワックス塗りが必要である。

8　建物にしっくい塗りは不要。

9　樋は不要。縦樋も同様。

建物の全体計画を活かすために、どんな建設技法があり、どれを使うべきなのだろうか？　この家の場合、素材は五つ、木材、煉瓦、セメント、紙、ガラスである。工場製作を単純化するために、我々は独自の水平ユニットシステムを導入した。また同時に鉛直方向のユニットシステム、すなわち幅広の板と角材の帯が煉瓦の水平の帯と組み合わされるシステムも採用した。いささか贅沢な材料になりつつあるが、

〔ジェイコブス邸〕

木製の壁板を内外ともに用いる。間に紙を挟みながら三枚の板を木ネジで合わせ、大きな板状の壁にする——一種の巨大な合板のようなものだ。この壁パネルは断熱性や防虫性に優れ、ある程度の防火性も発揮する。窓パネルと同様、土間床に敷いて前もって組み立てることもできるし、あわせて断熱材を仕込んでもよい。組み上がったら所定の位置に建て込んでいく。あるいは工場で前もって製作し、いくつかに分けて現場に搬入してもよい。屋根をあらかじめ支保工《しほこう》の上でつくっておき、その下に

〔ジェイコブス邸〕

あとから挿入することもできる。

穴開けなどのややこしい造作が起こらないよう、設備システムは、器械として壁に取り付けるのではなく、躯体の有機的な一部としなければならない。そう、透明の平面ガラスを忘れてはいけない。これこそ、本物の近代的住宅を設計しようとする者を満足させ、住み手を祝福する素材なのだ。

この作品の場合、屋根の骨組はツーバイフォー材[55]を高さ方向に三本束ねて接着したものである。外観の軒先に三段の持ち送りを見せることが簡単にできる。

屋根のスパンは、断面二×一二インチ［約五×三〇センチメートル］の材と同じぐらい飛ばすことができるし、「組立て」梁のような余分な出費もいらない。中段の材端をそのまま軒先に突き出し、鼻隠しの板をあてれば、夏場のための屋根裏換気口をつくることもできる。この骨組に板を張り、断熱を施し、さらに良質のアスファルト防水で覆う。これが家の最上面になる。深い軒の出た、覆いの感覚を発揮する屋根だ。

これらすべての技法が手中にある――いや、まだ頭のなかにある――まず部屋の配置を考えなければ。

さて、次に考えるべき要点はなんだろう？　敷地は角地で――一〜二エーカー［約四〇〇〇〜八〇〇〇平方メートル］ほどだろうか――南西に開けているとしてみよう。すなわち、よい庭が作れるということだ。だから庭を抱え込むように、二辺を回り込む建物を計画する。

1　広い眺めを取り入れ、庭をできるだけ取り込むよう、大きな居間が必要だ。なかには暖炉を配し、オープンな書棚をしつらえる。食卓はある程度奥まったところに置き、長椅子と居間用のテーブルを造り付ける。床には吸音のためラグを敷く。

2　便利な台所と食事空間を、居間の一部として、あるいはそれに隣接して置く。家事をやりやすくするために、台所を外壁から離し、居住空間の真ん中に挿入してもよ

〔ジェイコブス邸〕

い。外壁から離し、頂部を煙突のように屋根の上に突き出す——台所についての新しい考え方だ。こうすれば、食事空間とうまくつながり、ほかの重要な部屋を外部に接するようにできる。台所が煙突の効果を果たすため、屋内の空気は自然に台所の方に流れるようになる。だから調理の臭いが家のなかに逆流することがない。ここには地下に向かう階段があって、暖房機器、燃料、洗濯機を収容するための小さな地下室《セラー》につながっている。もちろん、平面の工夫次第で、地下室をつくらずに済ますことも十分可能だ。その隣にはバスルームを置いて、台所と水回りを組み合わせることにより、給湯に必要なエネルギーを節約する。

3　この建物（寝室二室と、将来寝室に転用することを想定した書斎を含む）では、バスルームは寝室に直接つながっていない。プライバシーに配慮した結果である。二人以上の寝室にバスルームがつながったり、あるいはふたつの寝室にひとつのバスルームがつながるような構成があったが、これは悪しき慣習に過ぎない。このように空間をうまく配分し直すことによって、庭と室内空間が最大限確保される。技術的工夫と建設技法の単純化によって生み出された経済的余裕は、まさにここに振り向けられる。

ユーソニアン住宅は、慎ましやかな家である。どこにも「大仰な」ところのない、住むための場所である。しかし、そこには地面に沿う水平の伸びやかさがある。地平線の伴侶とでも言えるだろう。こうした大地の伸びやかさが、快適さや比例のよさを殺さずに実現できるのは、ま

さに床暖房のおかげなのだ。維持費もさほど高くはない。もちろん、このような家は建築家の手になるものであって、建設業者や素人がまねできるものではない。まねしようとしても、全体をうまくまとめあげるのは非常に難しいはずだ。

建築家が工事を十分監督しない限り、この種の家を設計どおりうまく完成させることはできない。

また、家具や植栽の処理が、すべて建築家の助言に基づいて行なわれない限り、建物が所期の効果を発揮することはない。

ここまで図面とあわせて手短に説明してきた。こうしてみると、政府やらが後生大事に奉っている植民地式の暑苦しい箱が、いかに風通しの悪い窮屈なものであるかがわかるだろう。

内庭から見たジェイコブス邸。

ユーソニアの家庭にとって悪夢以外の何ものでもない。そういう箱ひとつでさえこの家のコストを上回るが、箱ふたつ分の居住空間をこの家一軒でまかなうことは簡単だ。壁を少々外側に動かすだけでよいのだ。新たな技術に基づいた煉瓦と木の家が、ここに完成した。経済的でありながら、広さも快適さも格段に進歩している。プレファブ構法にも適した戸建て住宅、いまや工場で家が生産できるのだ。

これらの技術があたりまえのものになり、加えて一度に多くの家が建てられると考えたとき、建設費がどれだけ下げられるか想像してみよう。建設数量と建設地集中の効果によっておそらく四五〇〇ドルくらいまでは行くはずだ。

ここには、全体の部屋配置によって生み出された自由な動きとプライバシーがある。これまでの「箱詰め」住宅では考えられないことだ。建物の美しさについて、あえて多言を費やす必要はなかろう。美しさとは、田舎者の趣味と取り違えられやすい曖昧な言葉である。そして、そういう田舎の最大のものこそ、我らが大都市なのだ。

しかし私は、文化的なアメリカ人、すなわちユーソニア人たる主婦が、この家のなかではきっと美しく見えるだろうと思う。いまや必要不可欠なものとなった自動車も、きっとその家の一部と見えるだろう。

どこまでで庭が終わり、どこから家が始まっているのか？　その答えは、庭が始まり、家が終わるところだ。

ユーソニアン住宅は、空間、光、そして自由の清新な感覚をもって、大地をこよなく慈しむものだ――これこそアメリカ合衆国にふさわしい家だ。

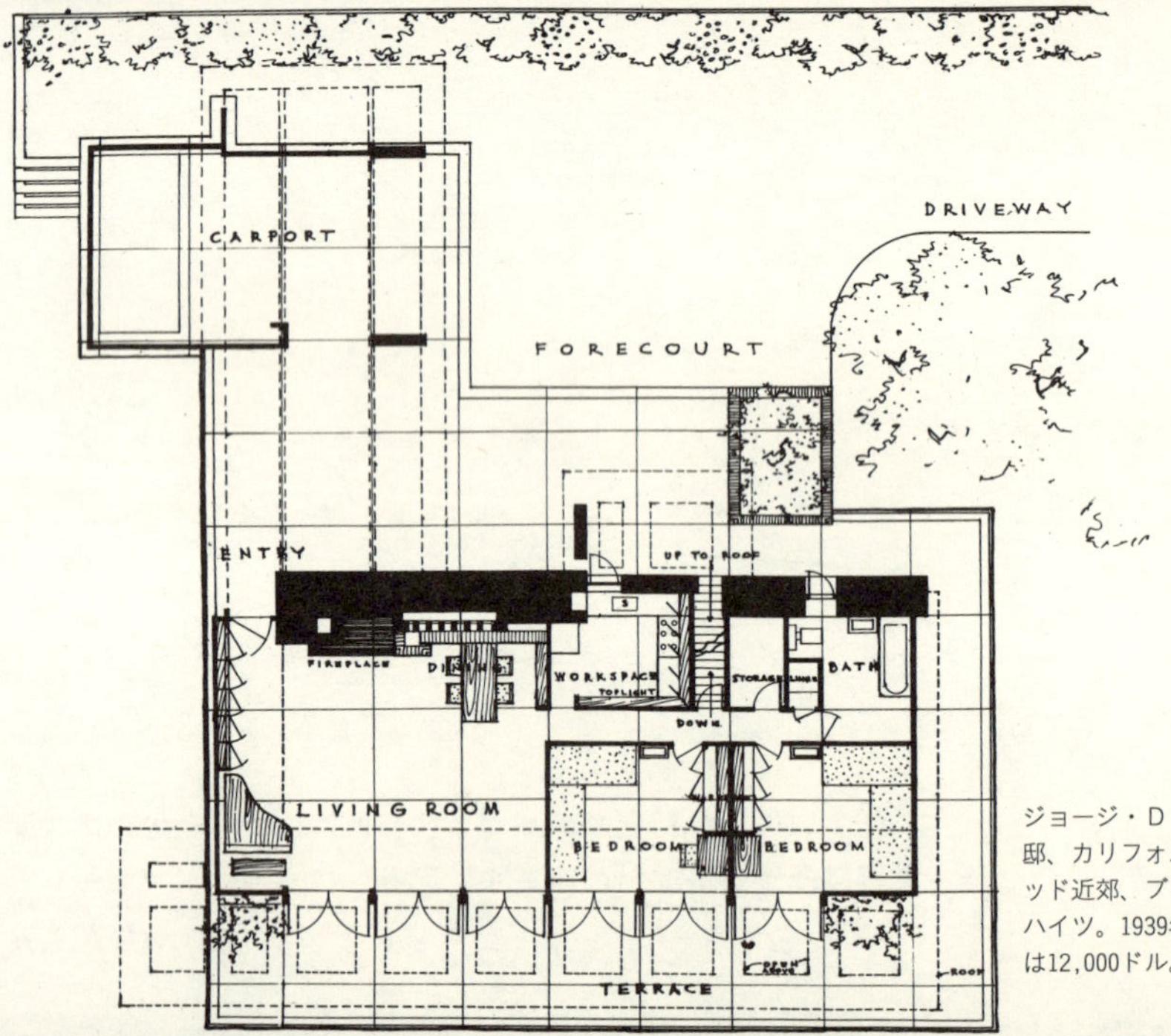

ジョージ・D・スタージェス邸、カリフォルニア州ハリウッド近郊、ブレントウッド・ハイツ。1939年当時のコストは12,000ドル。

スタージェス邸。南西に向かって海に面する。

スタージェス邸。ワークスペースと居間の暖炉の中間にしつらえた食卓。

スタージェス邸。重々しい煉瓦の壁から急斜面に向けて突き出したレッドウッドの居住空間。

ユーソニアン住宅2

我々はこういう家を一〇〇軒以上、アメリカ合衆国のほぼすべての州に建ててきた。我が国の建設コストはおしなべて当時より上昇しており、依然として上昇を続けている。[56] かつて五五〇〇ドルだったジェイコブス邸を今建設するとしたら、二万ドルほどかかるようだ。ユーソニアン住宅のコストは約一万二〇〇〇ドルから、大規模なものでは七万五〇〇〇ドルといったところである。その拡大拡張版の家もいくつか建てたが、その場合の費用は一〇万ドル以上に達する。

これらの家を今建てるとすれば、我々が建て始めた一九三八年と比べ、かなり金額が増すはずだ。だが、次の比較は依然として有効だ――近所の「普通の」家と比べれば、建設資金を格段に有効に利用しているのだ。その自由さ、優秀性、個性は、余分な金をかけた結果なのではなく、不必要なものの除去によって余裕を生み出し、住み手を新たな空間性に向けて解放することに投資したからなのだ。

だが、もし内部空間の三面を開放して、ありったけの眺めを取り込み、極限までの解放感を味わいたいというのなら、当然、余分な燃料費がかかることを覚悟せねばならない——そう、二〇パーセントほどは増えるだろう。二重窓にすれば熱損失が抑えられるが、それにも、それ相応のコストがかかる。

重力暖房

床暖房について。暖められた空気は自ずと上昇する。この作用を利用した暖房を、我々は重力暖房と呼んでいる。コンクリート床とその下の砂利地業を総称して床版《フロア・マット》と言うが、そのなかに蒸気や温水を通す管を埋設するのである。床が地表面から浮いているときは、二インチ角［約五センチメートル角］の角材を三フィート八インチ［約一・一メートル］おきに流して床組をつくり、放熱管を根太の間に組み込む。

このアイデアを知ったときの顚末についてお話ししよう。一九一四年の冬[57]、日本で帝国ホテルの新築を始めようとしていたとき、我々は、支援者のひとりであった大倉男爵[58]から晩餐に招かれた。東京の冬は非常に寒い――凍ったり、霜が降りたりするほどでなくとも、湿気を帯びたまとわりつくような寒さがする。身体を暖かく保つのはどこよりも難しい。私が体験したなかでこれに匹敵するのはイタリアだけだ。日本で一般的に用いられている暖房器具は、**火鉢**――床に置かれた丸い容器で、なかに白い灰が敷いてあり、そこに二、三インチの炭が何本か刺さっているというものだ。炭に火をつけるとほのかに燃えだす。皆は**火鉢**を囲んで座り、かわるがわる掌をかざして、しばしの暖をとるのである――掌をにぎり、何かをつかむような仕草をして。その効果は実に不満足なものだ。少なくとも我々にとってはそうだった。日本人の忍耐強さには本当に恐れ入った。だが、彼らの下着をたまたま眼にする機会があって、謎は解けた――厚い毛糸、長い袖、長い脚絆――綿の入った着物の重ね着の下に、さらにこういうものを着ていたのである。もっとも彼らはこうした気候に慣れ、耐えられるようになっていたので、我々ほどつらくはなさそうだった。

　我々は、きっと寒さに震えることになると分かってはいたが、大倉男爵の東京のお宅――国中に散らばった男爵の邸宅のひとつ――へのお誘いを受けることにした。思った通り食堂はたいへん寒く、ほとんど食事がのどを通らないほどだった——ただただ食べる振りをしながら、一九品におよぶコース料理をこなしていった。晩餐が終わると、男爵は我々を階下の「朝鮮の間」という部屋へと案内した。一一フィート×一五フィート［約三・四×四・六メートル］くらいの広さで、天井高は七フィート［約二・一メートル］ほどだったように思う。赤い毛織りの絨毯《ドラッグット》が床に敷いてあった。壁は簡素な無地で、淡く柔らかな黄色だった。一同そこにひざまずいて語り合いながら、トルココーヒーをごちそうになった。

まるで気候そのものが変化したかのようだった。いや、コーヒーのおかげではない。まさに春が来たようだったのだ。我々はすぐに暖まり、幸せな気持ちになった——床の上に座りながら、言葉にできないほどの暖かさを味わったのだ。暖房機などどこにも見当たらず、というより、その気配すら感じられなかった。**暖房で暖められるというのではなく、気候そのもの**が変化したとしか思えなかった。

ハーバードの卒業という男爵の通訳が説明してくれた。朝鮮の間とは、床下から暖房する部屋を意味している。火力によって生じた熱は、床の片隅からタイルでできた煙道に導かれ、床下を往きつ戻りつする。区分けされた放熱管の上に、床がまるごと載っているのだ。最後に、煙と熱が、炉と反対側の隅にある高い煙突から外に出る、という仕組みである。[59]

下から暖まるということの言いようもない快適さは、私にとって新たな発見であった。

私はすぐさま、帝国ホテルのバスルームの床下に電熱線を仕込むよう手配した。バスルームの天井を下げ、床下に発熱器のための空間を確保したのだ。こうして、タイル貼りの床と造り付けのバスタブがいつも暖かく保たれるようになった。裸足でバスルームに入っても十分快適だった。実験は成功した。電気機器とはもとより醜いものだが（バスルームでは危険でさえある）、こうしたものは一切取り除いた。そもそも私は、付け足しの器具が気に入ったためしがない。なかでもラジエータは最悪である。これが、建築設備すべてを統合的に取り込むはじめての機会になった——室内を暖房するのではなく、気候をつくり出すのだ——健康的で、埃のたまらない、穏やかな気候。こうして、熱もまた統合的なものとなった。発熱部が床下に統合されたことで、快適な室温を下げることができた。普通の人なら六五度［摂氏約一八度］で十分だった。とてつもなく熱い暖房に慣れてしまったご近所さんが突然入ってくれば、はじめは寒いと言うかもしれない。人為的につくり出された環境に比べれば、確かに自然の気候はひかえめである——だから当然、それだけ健康的なのだ。

ぜひ自分の国でも、できる限り早い機会にこの手法を試してみようと思った。ナコマ・カントリー・クラブ[60]の仕事でその機会をつかんだかに見えたが、インディアンのやり方を取り入れて、美しい平面形をつくっただけで終わってしまった。

次に訪れた機会は、ジョンソン・ワックス本社ビル[61]であった。なんとしても実現してやろうとがんばったが、専門技術者や請負業者のほとんどは、嘲りの笑みさえ浮かべ、このアイデアをまったく相手にしなかった。まともに取り合ってくれたのはただ一社（ウエスタン・アンド・チャンベル）だけだった。こうした最中に小さな小さなジェイコブス邸の仕事がやって来た。大きな仕事で冒険する前に、この住宅が竣工したというわけだ。

こうしてジェイコブス邸が、このシステムを稼働させた建物の第一号となった。「専門家」たちは大いに驚き、興味を示した。クレイン社の重役など、わざわざ視察にやってきた。敷物の下に潜り込み、コンクリートの表面をなで回したかと思うと、やおら起き上がり、互いに顔を見合わせたものだ。幽霊でも見たかのような顔つきだった。おい、どういうことだ、ちゃんと動いてるぞ！　いったいラジエータはどこにあるんだ？

毎度のことだ。

「輻射暖房」の記事が学術雑誌に現れはじめた。しかし、私がやったのは「輻射暖房」でもパネル・ヒーティングでも何でもなかった。このほかにも呼び名はいろいろあったが、どれも私の持っていた関心とは、ずれていた。私は単純に**重力暖房**と呼ぶべきだと思う——下から熱が自然に湧き上がってくるということこそ重要なのだ。

多くのユーソニアン住宅が床暖房を装備するようになった。我々はそれらの経験から、気候や稼働条件の違いに応じた発熱量を学んできた。データが蓄積され、その有用性が確かめられている。

これ以上に「理想的」な暖房はない。これには太陽の熱でさえ及ばない。

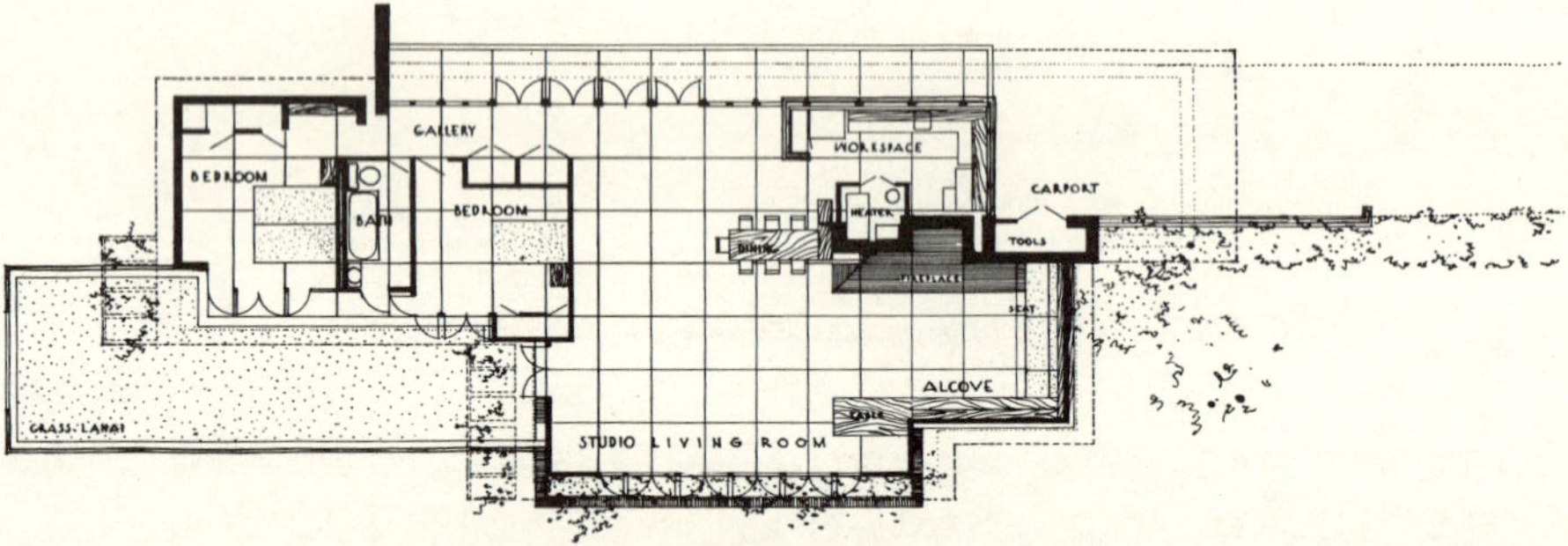

ゲーシュ・ウィンクラー邸、ミシガン州オケモス。1939年時点のコストは9,500ドル。

ゲーシュ・ウィンクラー邸。北東側を見る。

「深い軒の出によって醸し出される庇護の感覚……」。ガラス戸の奥にはリビングルーム。ゲーシュ・ウィンクラー邸。

ゲーシュ・ウィンクラー邸。南東側を見る。スタジオ・リビングルームの窓が開いている。

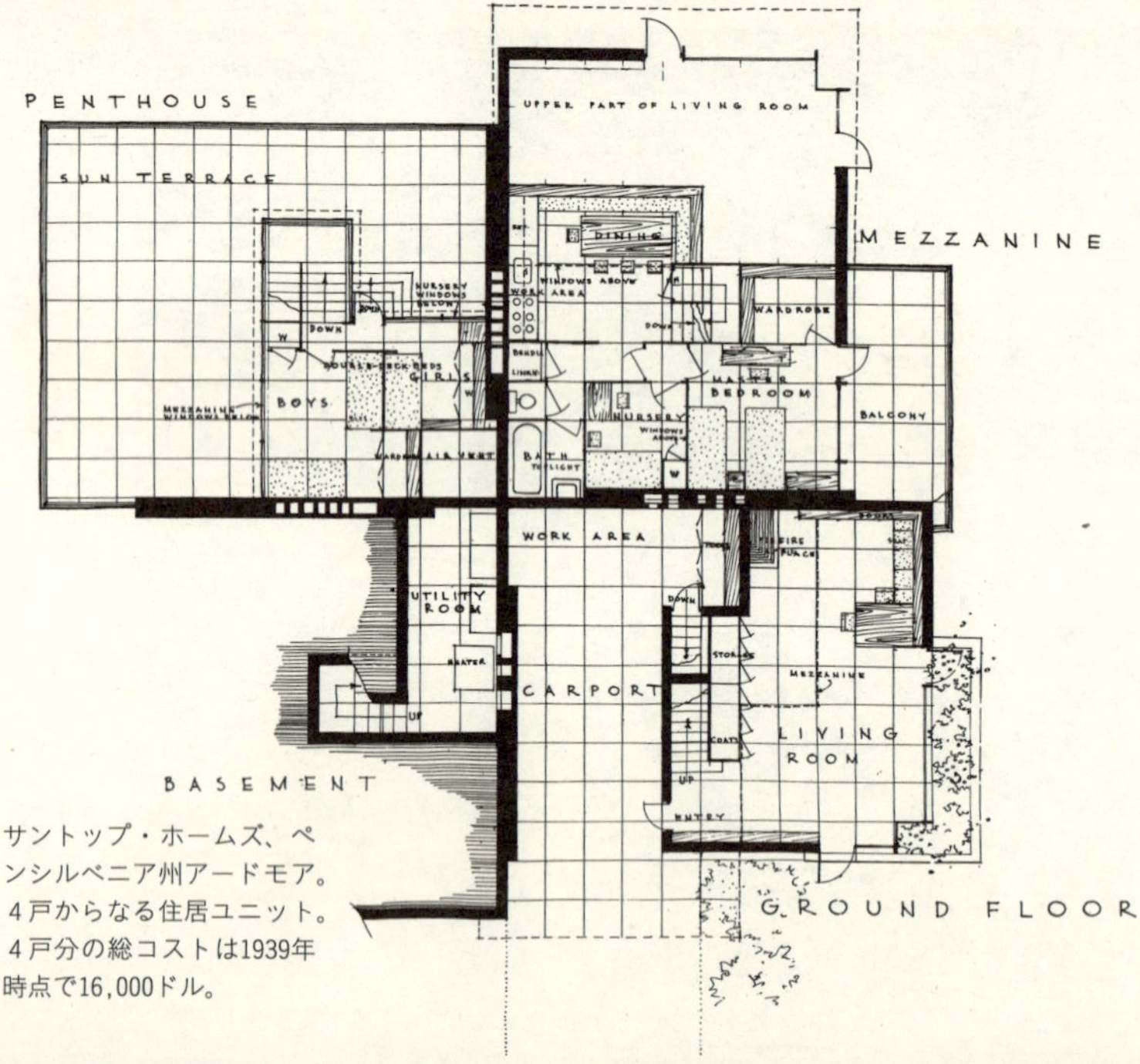

サントップ・ホームズ、ペンシルベニア州アードモア。
４戸からなる住居ユニット。
４戸分の総コストは1939年時点で16,000ドル。

サントップ・ホームズ、ペンシルベニア州アードモア。

サントップ・ホームズ、ペンシルベニア州アードモア。

次ページの図面は、合衆国政府の依頼による住宅地計画で、マサチューセッツ州ピッツフィールド近郊の100エーカー［約40ヘクタール］の土地に計画したものである。全体図式は四葉のクローバーのような分割形。そのことによって、標準化されながらも無限の多様性が生み出されている。自然のなかに見られる形と同じことだ。この住宅地は100戸あまりからなるが、この４戸１ユニットの住戸配置のおかげで、ひとつひとつの住戸が独立した戸口を持ち、どの家とも入口が隣り合うことがない。住人は皆、この４戸一体の姿を自分の家だと思うのだ。隣家で何が起こっているのか、まったく知ることはない。正面の窓から他人の家の裏庭が見えるようなこともない。家庭生活の私的な営みは、隣家から完全に独立しているのだ。サンデッキと名付けた子供の遊び場は、小さな屋上庭園で、母親の目が行き届く位置にある。家庭の仕事は、合理的に運べるように、主寝室脇の中２階に集められている。主婦は、片手でパンケーキをひっくり返しながら、もう片手で赤ん坊を風呂に入れることができる。その間、夫は夕食を食べ、家の主人らしくふるまい、かたや娘さんは、下階の正面の部屋で、親に干渉されることなく、友達と談笑することができる。

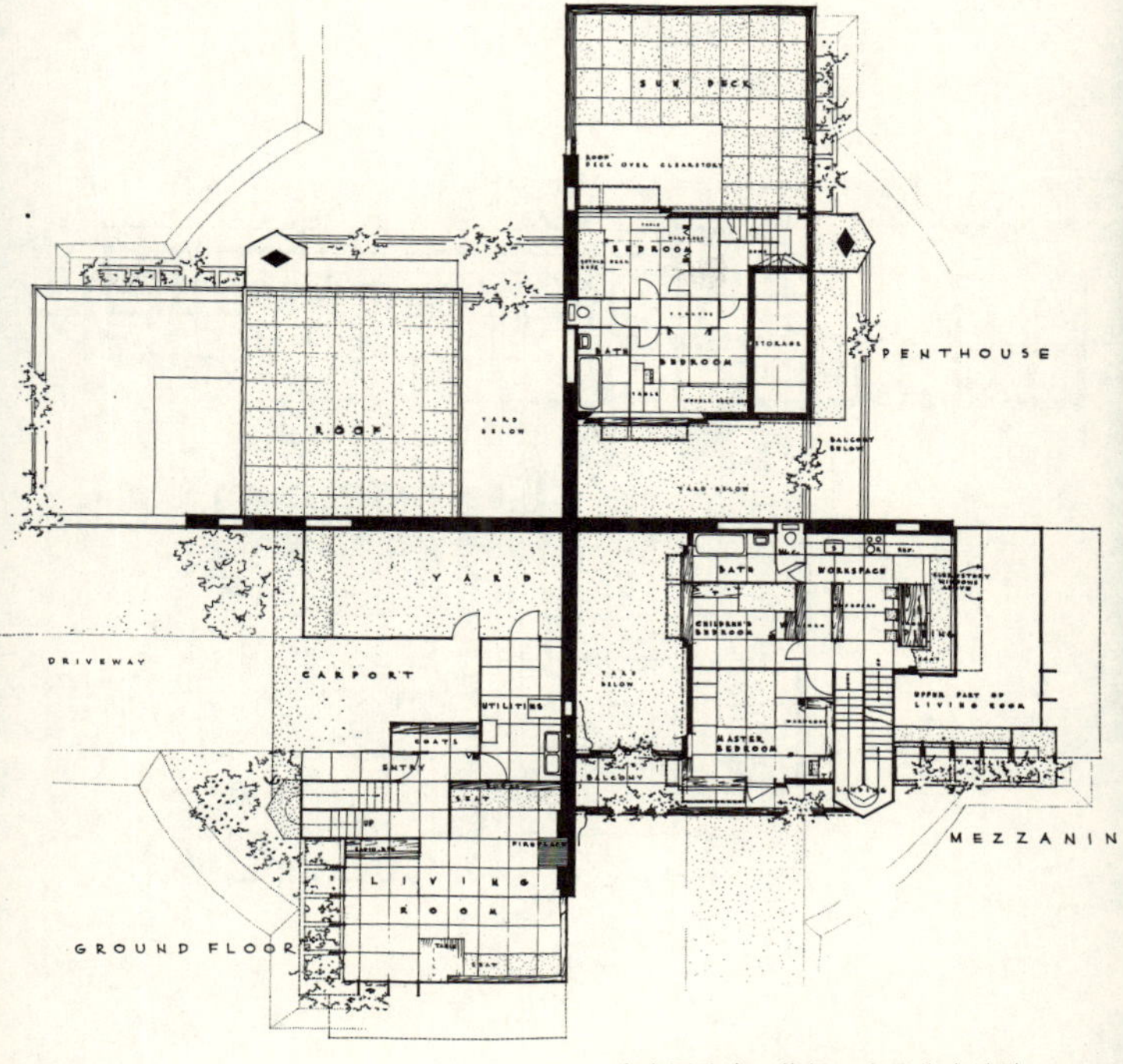

合衆国政府の依頼による住宅地計画、マサチューセッツ州ピッツフィールド。1941年時点のコストは４戸分で16,000ドル。

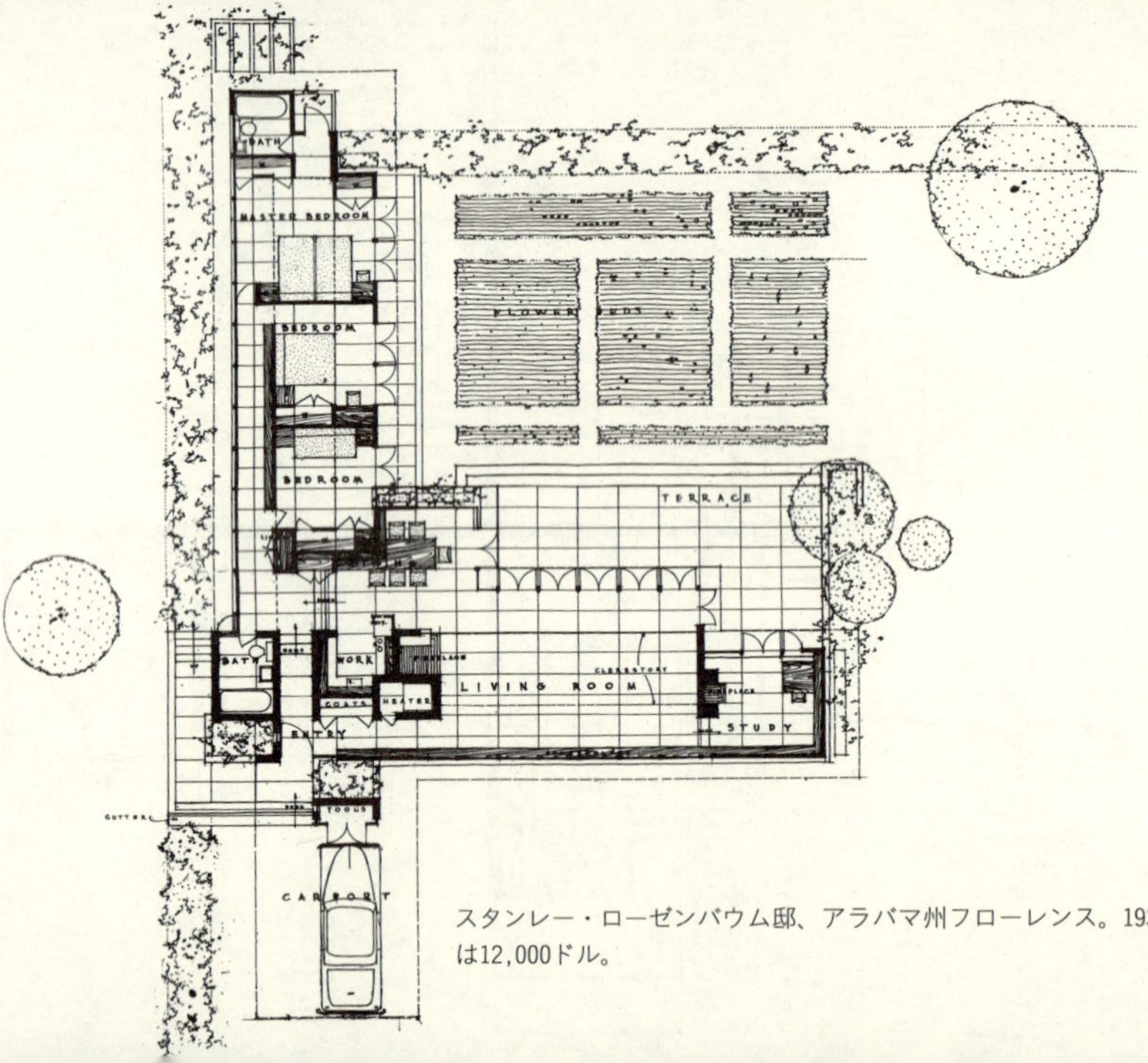

スタンレー・ローゼンバウム邸、アラバマ州フローレンス。1939年時点のコストは12,000ドル。

ローゼンバウム邸。左手にリビングルームのガラス戸、右手に寝室。

ローゼンバウム邸、背面を見る。

ローゼンバウム邸の食卓のしつらえ。

ベッドルームの出隅部の詳細。

ローゼンバウム邸。居間上部の欄間から光が入る。

ユーソニアン住宅について

この文章は、一九五三年一一月にニューヨークのソロモン・R・グッゲンハイム美術館において開催された、「生きる建築の六〇年――フランク・ロイド・ライト作品展」の「ユーソニアン展示住宅」の開場の際にライト氏が執筆したものである。

一九〇〇年、あるいはその少し前、シカゴの大平原の美しき大地に私が根づかせた住宅は、我々の民主主義を建築の形にした、はじめての、真に民主的な表現であった。このように言うと、きっと専門家たちからの中傷を誘い出すことになるのだろう。彼らは、建築に政治的意義などない（それゆえ社会的意義もない）と信じているのだから。ならば、あえてこう言わせてもらおうではないか。その時、民主主義の精神――個人の個人としての自由――が確かに住宅をとらえ、屋根裏部屋を取り去り、ポーチを退け、地下室を引きぬき、居間を食堂や台所と融合させ、出入りに便利なひとまとまりの空間に変えたのだ。寝室群はバスルームにすぐ通じる独立したウイングに納まり、太陽光がガラスを貫いてあらゆる場所にあふれ、床から天井までくまなく照らし出した。

外壁の素材がさりげなく内部に入り込み、内部の素材が外部へとのびていく。こうして、家の内部にとどまらない、敷地と一体になった親密な調和がつくりだされる。**「オープンプラン」の登場だ。**主婦は、彼女の（彼女らしい）魅力が家のなかで一段と輝くよう、家政を担う家庭の主役として、計画のなかに組み込まれる。

彼女は、家庭経営の「主《あるじ》」として確固たる地位を占め、自らの家庭のなかで優雅に仕事を果たすことになった。もはや閉じた扉の向こう側で調理器具にこき使われる必要はなくなったのだ。

こうしたことがどのようにして起こったのか、気にかけねばならない理由はない。重要なことではないのかもしれない。だが、そうでないとしたら——いったい何があったのか？

家庭のひとりひとりに与えられた新たな責任、そしてそれに裏打ちされたこの新しい自由。さらに加えて、建設技術における素材と加工法の進歩。素材は、それ固有の美しさを活かすように使われることになった。建設工事は、機械の利用に適するように変化した――なぜなら、機械はすでに、我々の文明にふさわしい道具となっていたからである（当時私が書いた小論を参照のこと）[62]。

コンクリート、鋼鉄、ガラスといった新しい素材、石や木といった古くからの素材、これらを使いこなすということ――適材適所に振り向けるだけでなく、美しく使うということ――これこそ文化の名にふさわしい。仕事を重ねるにつれ、建設の新しい原則に沿って、素材を活かす新たな形が次々と編み出されてきた。これを私は「有機的」と呼ぶ。

さらに重要なことは、内部の人々の姿が家そのものの一部となって美しく映えるよう、家の寸法比例が整えられたことだ。家を訪ねる友人たちの姿も、外で見るより、きっと美しく見えるはずだ。

こうして、我が合衆国の文明に根底からの文化的転換が起こった。この胎動に引き続いて起きたのは苦闘と、開花と、そして退嬰であった。様々な建築家の様々な掛け声が飛び交う御都合主義の隊列にかき消されてしまったのだった。

ここに、その本来の姿が息を吹き返し、あなたに新鮮なる挨拶を送ることになった。あなたは、それが何のためのものであったのか、そして今、それが何のためのものであるのか、理解することになるだろう――その家は、我々市民のためのものであり――

我々市民は、民主主義を思い描いた精神のなかに今も育まれているのであり——その精神とは、個人と環境とを統合することなのであり——その環境とは、彼が状況に応じた自由闊達な生活を営む場なのであり——その生活とは、彼がこの上なく美しく生きる——もちろん彼女と一緒に——ということなのである。

ユーソニアン展示住宅と展示館、ニューヨーク市５番街。

アーキテクチュラル・フォーラム誌に掲載された記事、「生きる建築の60年：フランク・ロイド・ライト作品展について」（ニューヨーク、1953年）から抜粋：「この展示住宅の床面積は1,700平方フィート［158平方メートル］、平均的アメリカ人のための家である。ここには1900年以来、フランク・ロイド・ライトが行ってきた数々の提案が盛り込まれている。その原理はシカゴ近郊の大平原に彼が建てた住宅に端を発するものである。そのとき、西洋建築で初めて、人間的尺度に基づいた比例と、オープン・プランが登場したのである。このユーソニアン住宅は、寝室２室を含む単純な直線状の平面形で、多くの人々の手の届く価格帯にある。ニューヨーカーたちは、この建物のなかを実際に歩いてまわり、20世紀初頭以来、ライトが一貫して唱えてきた建築の特質——その空間性と太陽光、人間的尺度、暖かさと丈夫さ、庇護の感覚、そして外部環境との共存——がいかなるものであったのか、身をもって知ることとなった」。

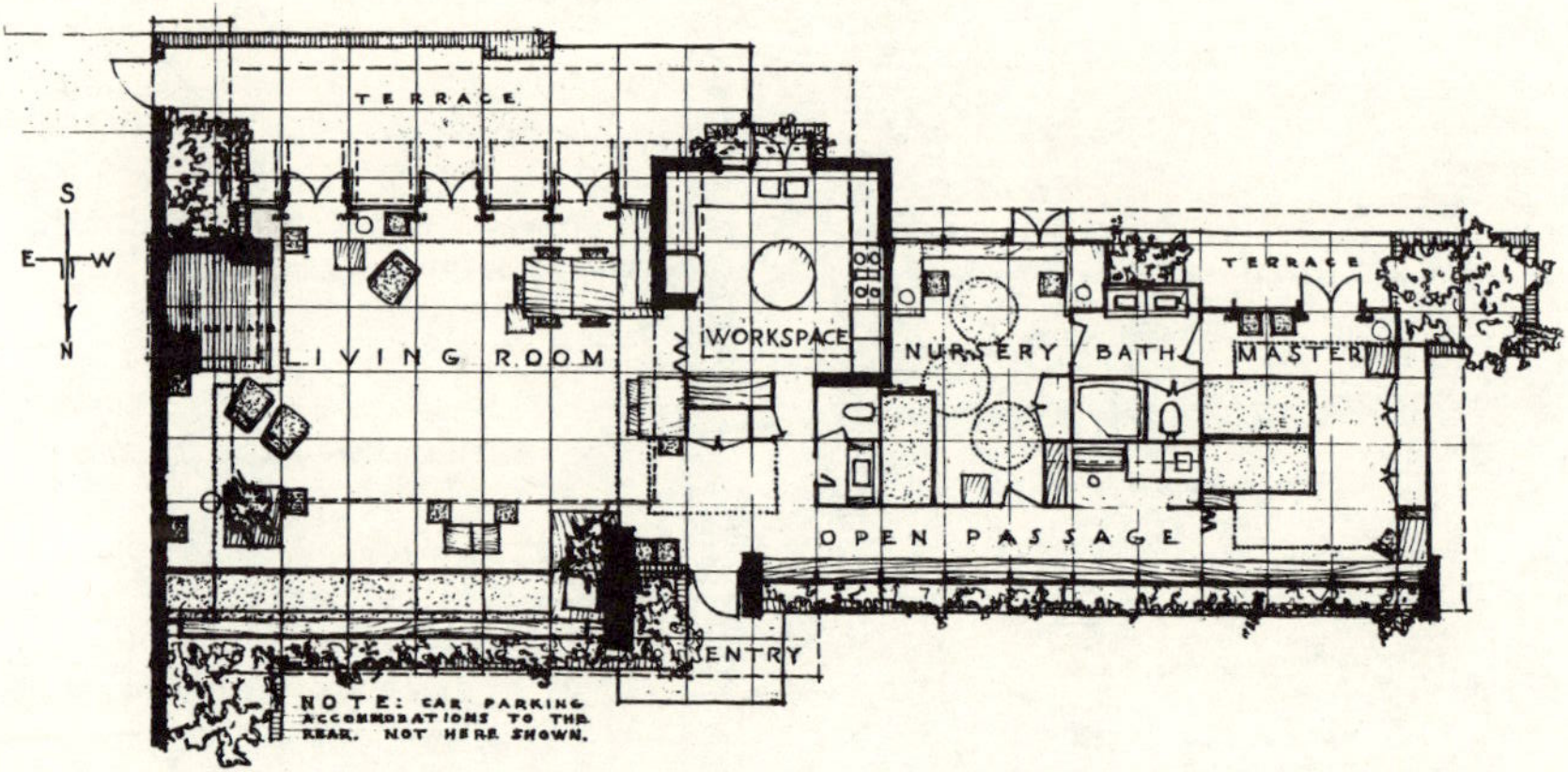

ニューヨーク市に建てられたユーソニアン展示住宅。平面図。

(右の写真）居間の内観。低い壁で閉じられた側の眺め。台所から見たようす。居間の暖炉に向かい合う面には、下がり天井が全長にわたって低く深く走り、椅子と収納が造り付けられる。街路や近隣の側には高窓がとられ、あらゆる方角から部屋全周にわたって自然光を取り入れると同時に、プライバシーを保っている。奥に控える煉瓦壁には、ブロックのパターンにあわせて穴があけられている。

(次頁の写真）居間の内観。天井の高い開放的な側の眺め。玄関から、リビング・テラス、さらに外部に向かって見たところ（ニューヨークに建てたため、残念ながら塀で閉じられている)。家具はすべてライトのデザインかその指導に基づくもの。そのひとつが暖炉にかかる黒い球形の湯沸かし釜である。建設工事は、かつてライトの弟子であったヘンケン建設のデイヴィッド・ヘンケンによって行われ、さらにタリアセン・フェローシップの14名の学生が作業に加わった。15年前の建設費は、約15,000ドルであった。

(右の写真) テラスから居間を見返す。背の高いガラス戸が12フィート［約3.6メートル］の天井高いっぱいに伸び上がり、居間の大きな空間をテラスに向かって開く。ひさしにはリズミカルに開口があけられ、建物全体の特徴ともなっている歯形模様の帯が巡り、豊かなパターンをつくりあげる。上には葡萄の樹が載っている。

(次頁の写真) 26×32フィート［約８×10メートル］のリビング・ダイニング全体に太陽光と深みのある空間感覚がたわむれ、落ち着いた快適感が生み出される。内部の色調は暖かく生き生きとしている。深い赤色の煉瓦の質感に、レッドオーク合板の市松模様、電球の根元には真鋳のプレートが輝いてアクセントとなり、高窓や扉のピアノ丁番に同じ素材が引き継がれ、棚や食卓には銅の平縁が顔をのぞかせる。台所は折戸で区切られ、居間と適度な連続性を保つ。

天井の高い台所。建物の中央に位置するこの空間が、居住部全体の換気塔としてはたらくようになっている。中央の配膳テーブルを囲むように、左手に眺めを取り込む高い窓、上方にトップライトを取り、さらに造り付けのオーブン、キャビネット、サイドボードなどで取りまいている。

居間から玄関さらに寝室へと続く長い廊下を見通したところ。34フィート［約10メートル］にわたって収納壁が沿い、その反対側には洗濯用の小部屋。玄関ホールに便所を設け、玄関と居間（写真の手前側）からの使い勝手に応じている。

廊下の突きあたりにある主寝室。安らかで親密な印象をつくり出す豊かな木の質感、ドラマティックなスポットライト、欄間の日避け板の模様によって変調された光。いずれも建物全体の様式の一部となっている。

第 2 書 : 1 9 5 4 年

統合性
——人にも、住まいにも

今日、建築に最も必要とされているもの、それは人間の生活において最も必要とされているのとまったく同じ——統合性である。人間というものの最奥に統合された人格があるのと同じく、建物にもそういう透徹した統合性があるべきなのだ。はるか昔、建物にはそういう性格が自然に備わっていたが、以来、このことが建物にあらためて要求されることはなくなってしまった。人間にとっても、この性格は第一の要求ではなくなっている。なぜなら「成功」があまりにも即座に必要だからだ。もし君が成功者ならば、「もうけもののあらを探そう」[63]とは思わないだろう。いやしかし、そうだとすると、この世で「成功」してしまった瞬間に、人生から何か大切なものが失われるはずだ。

誰かが書いていたが、この時代の人間は、確たる印象に乏しく、すぐに記憶から消え去ってしまう傾きがある。かつて人間には本当の**人格**というものがあって、それは、そうそう忘れてしまえるようなものではなかった。そうやって記憶に刻み込まれた人格が、おそらく「統合性」だったのだろう。

建築における統合性について語ろうとすれば、その大部分が、個人たる人間について語るところと重なる。統合性は、服のように身に付けたり脱いだりすることのできないものだ。統合性とはその人自身に**内在する**《ウイズイン》人格、その人自身に**所属する**《オブ》品格である。建物でも同じことだ。住み手以外、誰ひとりとして変えることができず、外界の圧力によって変えることもできない。統合性を変化させうるのは内なる力だけだ。なぜなら、それこそがあなたの内にある**あなた自身**なのだから——そしてこのことを出発点として、あなたはあなたの人生を全うしようと、最上の可能性を追求する（あなたがあなたの建物を建てようとするのは、そのひとつの具体化だ）。内なる声のとおりに人格を形成し、内なる声のとおりに建物を建てるのは、いつだって難しいことだ。浅くやるより深くやる方が難しいのは当たり前なのだ。

当然、あなたはあなたらしい本当の人生を生きたいと思っているに違いないし、あなたらしい場所で暮らしたいと思っているに違いない。それは、あなたの深いところから湧き上がってくるもの、あなたが大切だと信ずることに、忠実に従うということだ。あなたが住むための家を建てようとしているのなら、それはあらゆる意味において（かつ可能な限り）統合的であるべきだ。敷地に即し、目的に即し、そしてあなたに即さなければならない。こうすることではじめて、言葉の最上の意味での「我が家」が完成する。こうしたことを我々はあらためて言わなければならなくなっている。それほど忘れ去っているということだ。家は無名・無個性の箱の羅列となり、そうした箱が列をなして並べられ、積み重ねられて、大きな箱が作られるようになってしまった。そんなことは拒否すべき悪徳だ。だが、家は、この内なる深き有機的感覚のもとで、有機的建築となってよみがえろうとしている。

我々は今、建物に**統合性**をもたらそうと奮闘している。うまくいけば、我らが倫理的本性に対する——我らが民主的社会の魂に対する——偉大な貢献となるはずだ。**統合性**はもっと自然なことになるだろう。あなたが建物を建てようとするのなら、ぜひ**統合性**のために立ち上がろうではないか。統合性の側に立つとは、建物を建てる者のとるべき道であるばかりでなく、さらにそれを越えて、互いに与えあう社会を築こうとする者がとるべき必然の道でもあるのだ。無責任で、派手好きで、みせかけだけを繕う不正直な人間は、我々が有機的と呼ぶ家では、決して満たされることがない。それこそ、その統合性のゆえである。そこに住もうとする人は、そこに住むことによって成長する人間になろうということなのだ。真の建築家にとって、こうした人間関係を構想し、つくりあげ、ひとつの現実とすることは、まさにひとつの「仕事」だ――それが彼の力によるものである限り。

すべてのものが純粋かつ調和した家に暮らし、その新たなる自由の感覚が、新たなる生活の感覚をもたらす――それは、よくある見境なく計画された家、生活が一連の小部屋に**監禁され**、さらに大きな箱に放り込まれてしまう家とは、まったく対照的だ。そんな生活はひどいものに決まっている。この新たな統合性のもとに生きられる生活――ユーソニアの家で営まれる生活に比べれば。

ユーソニアン住宅の設計で、私はつねに文字通り人体の尺度にあわせた寸法をとる。人体の尺度こそが、結局その建物を占めるものなのだ。古い考え方で作られたほとんどの建物は、むしろ人間の存在をたいしたものでもないように見せようとしていた――人間の劣等感を引き出してやろうというわけだ。だから天井をできる限り高く、建物をできる限り大きくしたのである。空虚な重々しさが、人間にふさわしい贅沢とみなされていた。もちろん当時、天井を高くすることには、確かにある種の利点があった。平面計

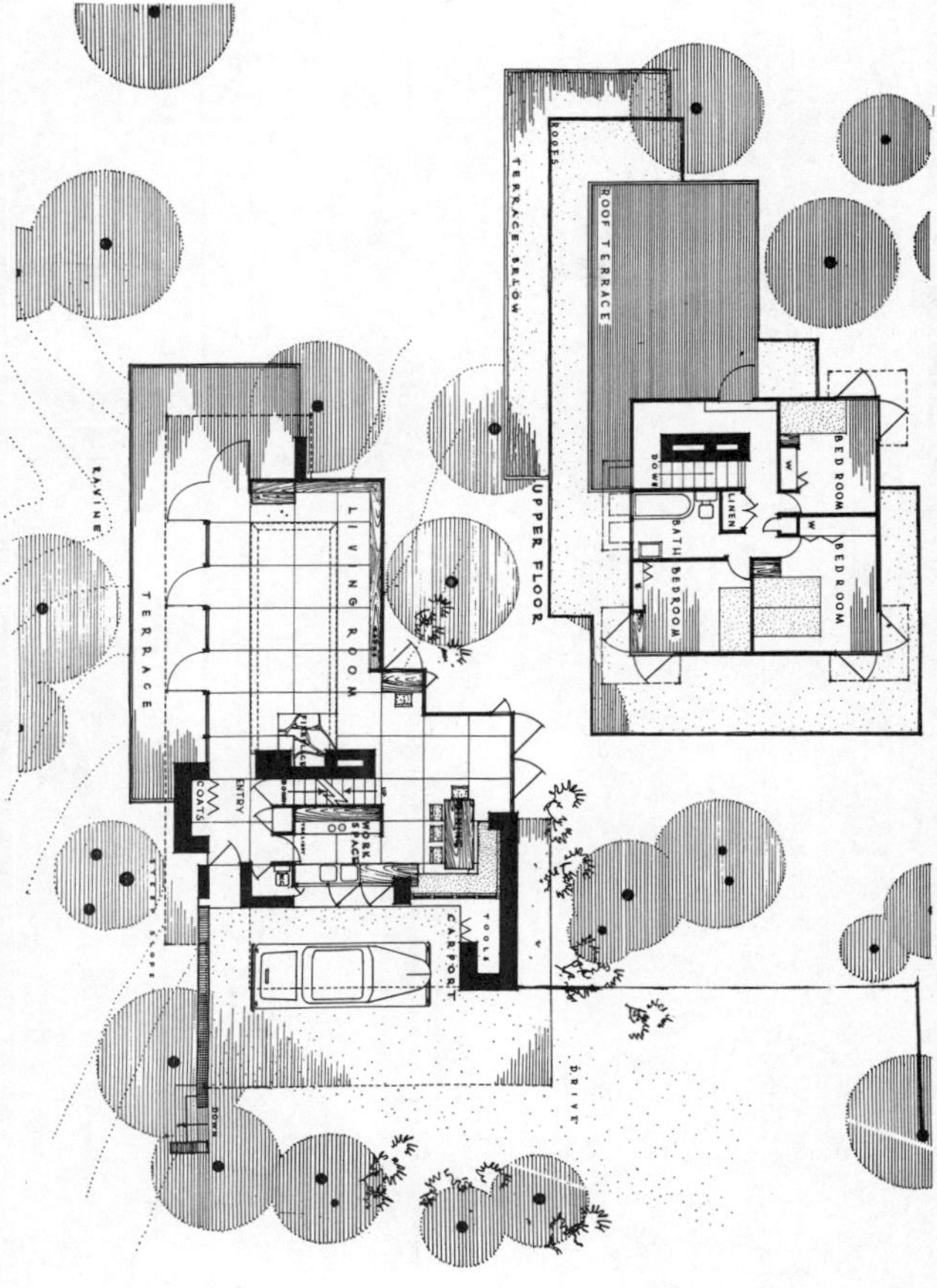

ジョン・C・ピュー邸、ウィスコンシン州マジソン近郊。1940年時点のコストは7,850ドル。

ピュー邸、ウィスコンシン州メンドータ湖の南岸。

ピュー邸、居間。「……おそらくウィスコンシン州マジソンでメンドータ湖の美しさを発見した唯一の住宅だろう。私の少年時代の思い出の湖だ……この建物は、文字通りタリアセン・フェローシップによって建設された」。

ピュー邸は、木と石でできた２階建ての建物である。内外ともに杉の下見板張りでできている。

画のまずさと妙な構成を隠すのに役立ったのである（少なくとも、その膨大な容積は、空気を得るための争いごとを無用としていた）。

そういうわけで、ユーソニアン住宅は自然な性能を発揮することを目指している。すなわち、敷地と統合し、環境と統合し、住み手の生活と統合するということだ。素材の本性と統合された家――そのなかでガラスはガラスとして、石は石として、木は木として用いられる――環境のすべての要素が、家のなかへと入り込み、そして通り抜けていく。この新たな統合性のなかに身を浸して暮らせば、人はそこに根を張って成長

メンドータ湖を見渡す居間。〔ピュー邸〕

していくことになる。何より重要なのは、自然にそれ本来のありかたに復帰するということだ。

気付いている人は少ないようだが、人間は確かに住む場所や、生活をともにするものがつくり出す「雰囲気」によって変わり、それによって養われている。人間は、あたかも土に生える植物のように、そこに根を張っている。そのことの証が、我々のもとに送られてくるたくさんの手紙だ。建物によって引き起こされた出来事に喜びの声をあげながら、家が自分たちの生活にどれほど大きな影響を及ぼしたかを語っている。彼らはその環境のなかで確固たる威厳と自尊心を獲得した。そして、家族として与え合い、同時に自らを個人として意識することの意味や目的が、確かにそこにあることを知るのである。

我々みな、よい服を着たときの気持ちがどんなものか、その結果引き起こされる意識の変化がどういうものかよく知っている。我々の行いは確かに変わる。これと同じ感覚を、あなたが住む家からも受け取るべきだ。これは倫理的にも有益な効果がある。それと気付かないような心の奥底での影響だが、その確かな基盤の上に気高い生活が実る。自分自身にふさわしい家に住めば、人はよりよき社会の気高い務めに従い、あなた自身の信念に従って生きていることを知る。こうして、いやな出来事から解放され、精神の貧しさから救われ、豊かに生き

丘の敷地に石の柱を建て、２階建ての建物を持ち上げる。地表の空間はそのまま流れ下る。〔ピュー邸〕

ることになる——正しい道を行くことになるのだ。私は常に服装に注意を払い、身なりを整えるべきだと信じてきた。よい服を着るということは、着ているものについてのわずらいから解放されるということだ。これこそあなたに起こるべきことだ。よい家を我が家にするということだ。その家が正しく、あなたにふさわしいと意識しているときには、そしてそのなかで美しく暮らしていると感じているときには、家のわずらいに心を割かなくて済む。あなたの行いにはもはや何の負担もかからないし、あなたの自尊心に何の懸念も残らない。自分をそう見てみたいと思う姿にするということは、そういうことなのである。

クスペースと食事の空間が融あう。〔ピュー邸〕

居間の暖炉の周辺。奥に食卓のしつらえが見える。〔ピュー邸〕

大地から築きあげる

どこに建てるか

家の敷地を決めるときに常に問題になるのが、都会のどのくらい近くに住むかということである。裏返せば、あなたがどれほど都会に依存し、支配されているかということだ。もっともよい選択は、都会からできる限り遠く離れることだ。郊外は避けなければならない——それは寝るためだけの街だ——何としてもそうすべきだ。田舎まで逃げのびなければならない——「遠すぎる」と思うくらいでちょうどいい——もし、他の人々が追いかけて来たら、おそらくそういうことになるだろうが（人間は殖えるのだから）、もっと遠くに逃げるのだ。

もちろんこれを実行するには、そこに行くまでどのくらい時間がかかるか、往ったり来たりにどれだけ時間を割けるか、考える必要がある。だが、分散化は進んでいるのだ。その徴候はそこかしこに見える。ロサンゼルスはその顕著な例だ。ここでは、当局がなんとか都心からの流出を食い止めようとしているほどだ。一方、ロバート・モーゼス[64]はニューヨークを田舎に解放しようと奮闘中だ。本人はまったく逆のことをしているつもりなのだが、実は違う。聖書のモーセ[65]と同じく、ニューヨークのモーゼスは、人々をニューヨークの混雑に誘い込もうとしているのではなく、そこから**救い出そう**としている――都会から人々を脱出させようと導いているのだ。

だから、クロームメッキの歯を剝いてすぐそこの街角までやってきた大きな渡し船《フェリーボート》に飛び乗って出ていくがよい。ただし、あちこち出っ張ったアメ車は買うもんじゃない。もっと小さな車、たとえばナッシュ[66]のつくっているようなやつを買うべきだ。一ガロンで三〇～四〇マイル［一リットルあたり一一～一四キロメートル］は走る。ガソリン一ガロンの値段などたいしたことはない。都会からかなり遠く離れても、支払えないことはないだろう。小型車の登場によって交通費は劇的に下がった。これこそ分散化を後押しする力だ。脱出の手段が容易になるほど、都会からもっと遠くに逃げられるというわけだ。

ウィスコンシンにユニタリアン教会堂を建てたとき、はじめは都会から離れたところで信徒を集めるのに苦労した。だがその竣工を待たずして、周囲に建物が半ダースほど次々に建った。いまやそこは田舎ではなく郊外そのものだ。アリゾナでタリアセン・ウエストを建てたとき、我々は街の中心から二六マイル［約四二キロメートル］離れた場所を選んだ。そこにいる我々も、もうすぐ郊外の住民になってしまうのだろう。依頼主がよく尋ねる、「ライトさん――一体どのくらい離れたらいいんでしょうか」。答えはこうだ、「あなたがこれで十分と思う距離の一〇倍ほどだね」。要するに私の忠告は、できる限り遠くに離れろということだ――さっさと飛び出してしまうのだ。

都市の過密を解決するための原則と方策はただひとつ――分散化だ。そこから抜け出し、地区の区分をなくし、地区の細分化をやめ、そうして地区を解体するのだ。今日の生活の唯一の解答は、よき大地に帰ること――いや、私に言わせれば、むしろそこに踏み出すことである。都市が田舎を侵食するのではなく、田舎と都市がひとつになるべきなのだ。我々には出て行く手段がある。人間らしい生活を取り戻すにうってつけの手段に恵まれている。自動車のおかげで我々は素早く遠くまで移動することができる――行った先にだって、使おうと思えばトラクターをはじめ便利な機械はいくらでもある。互いに距離を保ち、自由に独立して生活するためのあらゆる手段が、我々の手中にある――どのくらい離れるかは、お望み次第だ。だからと言って、社会的つながりや、これまで享受してきた利便を失うわけではない。むしろ、何倍にも増幅されることになる。家同士が四分の一マイル〔約四〇〇メートル〕離れていたって、どうということはない。一～一〇ブロックほどの近場で用い楽しんできたものを、あなたはこれまで同様楽しむだろう。それよりもあなたの子供たち、そしてあなた自身が受けることになる利点の数々について考えてみてほしい。大地を**用い**、すべての生きとし生けるものとの関わりを**用いる**ことの自由について。

群れなすことには、もはや何の意義もない。安く速い交通手段のおかげで、群れなす大衆は過ぎ去ってしまったのだ。我々が手に入れた建物でも同じこと、もっと広い空間が必要なのだ。古い建物は箱だった――ある種の要塞のようなものだった。箱と箱がぴったり隣り合っても、互いの生活が成り立つようにつくられたものだ――実際そうしていた。中世には家々は本当に近接しあっていた。交流し合うためには歩いて行かなければならなかったからだ。防衛のためにも集中が必要だった。だから人間には、ほんのうずくまれるだけの土地しかなかった。都市は北方あるいはどこか別の大都市から攻撃され、征服され、土地を奪われる危険にさらされていた。人間は密集して住むように強いられていたのだ。昔々、小さな村はすべからく要塞であった。

今日、我々はそのような状況にはない。我が国がそんなふうになることはあり得ないし、私の知る限りいかなる国もそんなことになるはずがない。今日、軍事的脅威は、原爆（ないしもっと破壊的な爆弾兵器）という形で、空から落ちてくるものだ。だから、もし人々が分かれ広く散れば、爆弾を使おうという誘惑は減ることになる――その悪しき効果が薄まるからだ。現在の状況から見れば、我々は密集すればするほど大きな危険にさらされるのだ。

いかなる観点から見ても、分散化は今日の命ずるところである。だから都市から遠く離れるのだ。あなたがこれで十分と思うよりもずっと遠くに。遠くに行き過ぎることなどできないと、直に気づかれることだろう。

どんな土地か

予算があまりないときに最も適する敷地は、平坦な土地だ。当然のことだが、ゆるやかに傾斜している敷地では建物はもっと面白く、満足のいくものになる。ただし地面を処理する必要があるため、建物はかなり高価になる。

建設費は南部の方が安い。基礎を深くしたり、断熱を厚くする必要がないからだ。かたや北部ではそうはいかない。夏は短いものの、空調は設備しておく必要があるし、また長い冬に備えて薪を積み上げ、食料を蓄え、やっておくことが目白押しだ。だが、こうした備蓄の必要があったからこそ、北部人に機知の才が生まれ、南の気候によって温和になった南部人を、実際、長いあいだ征服することにつながったのだ。努力の結果、快適さが達成されると、北部人はだんだんと温和になって来た。今度は征服される役回りというわけだ。まさに諸行無常である。

適切な基礎

どんな種類の基礎を用いるかは、家を建てる場所によって変わる。砂漠に建てるなら、地面の**すぐ上に**基礎をつくるのが最もよい。掘ったり切ったりしてはいけない。様々な土地（とくに霜が降りる土地）に適用できる基礎で、私の知る限り最も優れたもののひとつは、ウェールズの伝統を汲む石工たちが工夫したものだ。現在タリアセン・ノースとして引き継がれている建物の基礎は、この方法でつくられている。ウィスコンシン州では、霜の降りる限界深さは三・五〜四フィート［約一〜一・二メートル］ほどで、そこまで掘削するのが普通なのだが、このやり方はきわめて高価であるだけで

ローレン・ポープ邸、初期のスケッチ、ヴァージニア州フォールスチャーチ。

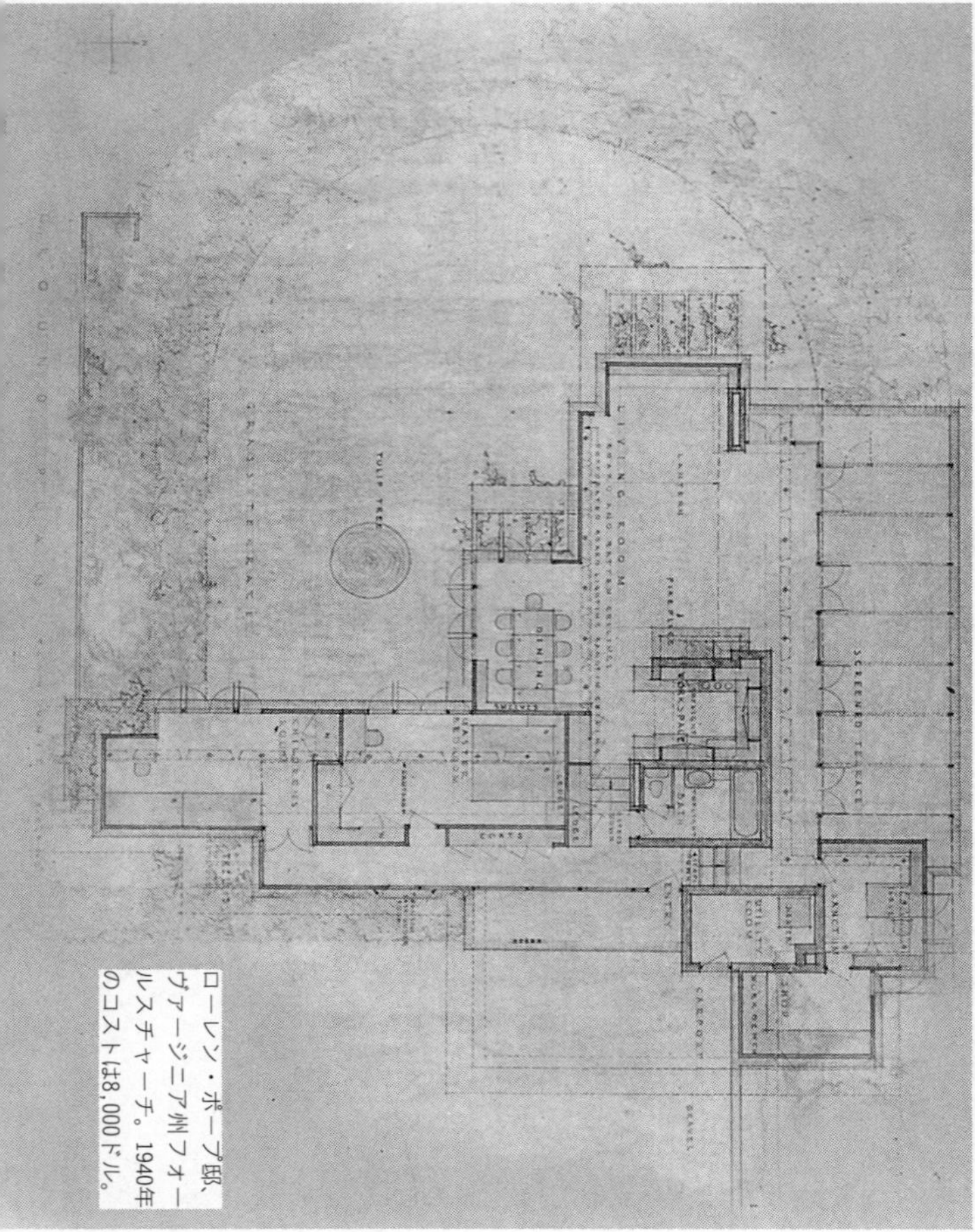

ローレン・ポープ邸、ヴァージニア州フォールスチャーチ。1940年のコストは8,000ドル。

ポープ邸。北東側を見る。

ポープ邸の背面。ヴァージニア州フォールスチャーチ。

なく、毛管現象のために上部の壁に脅威を与えかねない。一方、ウェールズの石工のやり方は、一六インチ［約四〇センチメートル］ほどの浅い溝を掘って、それを排水溝に向かってわずかに傾斜させるというものだ。溝には拳ほどの大きさの砕石を詰める。砕石が水の道をつけ、壁の真下に排水路ができあがるというわけだ。だから霜のせいで基礎が持ち上がることがない。

私はこのやり方を「排水型基礎《ドライ・ウォール・フーチング》」と呼んでいる。壁に水分が及ばず、霜の影響を受けないという意味だ。寒さの厳しい土地では、建物が持ち上がるのを防ぐために、建物の下から水（ないし水分）を完全に取り除かなければならない。凍るはずの水さえなければ、基礎が持ち上がることもないのだ。

このやり方でつくられたタリアセンの基礎は、今に至るまですべて完璧に安定している。私は、排水型基礎を見出して以来——一九〇二年ごろから——住宅の基礎をこのやり方で通してきた。だが時々、この建設技法が建設局からの確認を受けられないというトラブルが起こる。最近ではイリノイ州建設局レイク・フォレスト事務所から横槍が入り、建築確認が却下された。ウィスコンシン州マジソンの専門官も、湖畔の丘に建つ建物でこの構法の採用を差し止めた。これを却下するということは、依頼主の建設費を何千ドルも節約できるアイデアを専門家が葬り去ったということだ。だが今では、八ないし一〇軒ほどの例を除いて、ほとんど通すことができるようになった。だから依頼主は地面の下にあまり金を費やさなくて済む。地面の下にたいした目的はないのだから。

だが、このタイプの基礎は、地盤の安定していないところでは使用できない。問題がまるで違うのである。たとえば帝国ホテルは、八フィート［約二・四メートル］ほどの厚みのチーズのような土の上に建てられた。この特殊な土質に建物の全荷重を支えさせるためには、特別な基礎を工夫しなければならなかった。私は、かつて大平原にいたころ、オークパークの敷地にオーガーで穴を掘ったことを思い出した。その経験に基づいて、長さ八フィートの先のとがった杭を地中に刺すように打ち込んでいくことにした。まず、荷重を支えるために杭間距離をどれくらいにすればよいか実験し、その結果、芯々二フィート［約六〇センチメートル］で目標を超える性能が得られた。これ以上離れると地耐力を十分引き出せない。こうやって掘った穴に、次々とコンクリートを打ち込んでいった。この作業は急いでやらねばならなかった。掘った穴の先は地下水位のあたりで、すぐに水が湧いてくるおそれがあったからだ。こうしてできたコンクリート製テーパ杭の列の上に、薄いコンクリートの板あるいは梁を打設した。ちょうど小さなピンを結びあわせるような具合だ。このピン型クッションによって、上部の壁体を支えるに十分な耐力が得られた。

このように、どんな土地にも適する万能型基礎というものはない。その土地にあった基礎を使わなければならないのだ。

土塁型住宅の利点

土塁、すなわち土の壁を巡らせる住宅は実用的だ——北部、南部、東部、西部、あらゆる地域に適するすばらしい形式である——問題は土質と気候、さらに敷地本来の性格に適するかどうかである。土地に玉石がたくさん混ざっていたり、岩棚だったりする場合は使えない。土塁は、ブルドーザで土を寄せ、建物の周囲に積み上げるようにして造る。高さは望み次第だし、建物の輪郭から距離をとって巡らせることもできる。土塁はたいへん良い断熱壁[67]になる——しかも風雨も遮ってくれ、おまけに経済的だ。外側は仕上げなくてもよいし、傾斜がそれほどきつくなければ内側だって省略できる。地域や状況にさえ合うなら、非常に優れた手法である。実に経済的で、景観ともよく合う。

続くページに掲載されているドローイングと平面図は、コーポラティブ・ホームステッドという低価格の集合住宅の計画である。この計画は土塁型住宅の技法を用いている。デトロイトの自動車工場の工員が住むためのもので、自分たちで建設することが想定されている。主たる問題は排水と景観であった。この計画は、時期に恵まれず、協力体制も整わなかったため、中止のやむなきに至った。1942年時点のコストは4,000ドルである。しかしながらこの計画の示す手法は、我が国の建築上の問題に応える点が多いと思う。何かの役に立つことを願って、ここに掲げることにした。

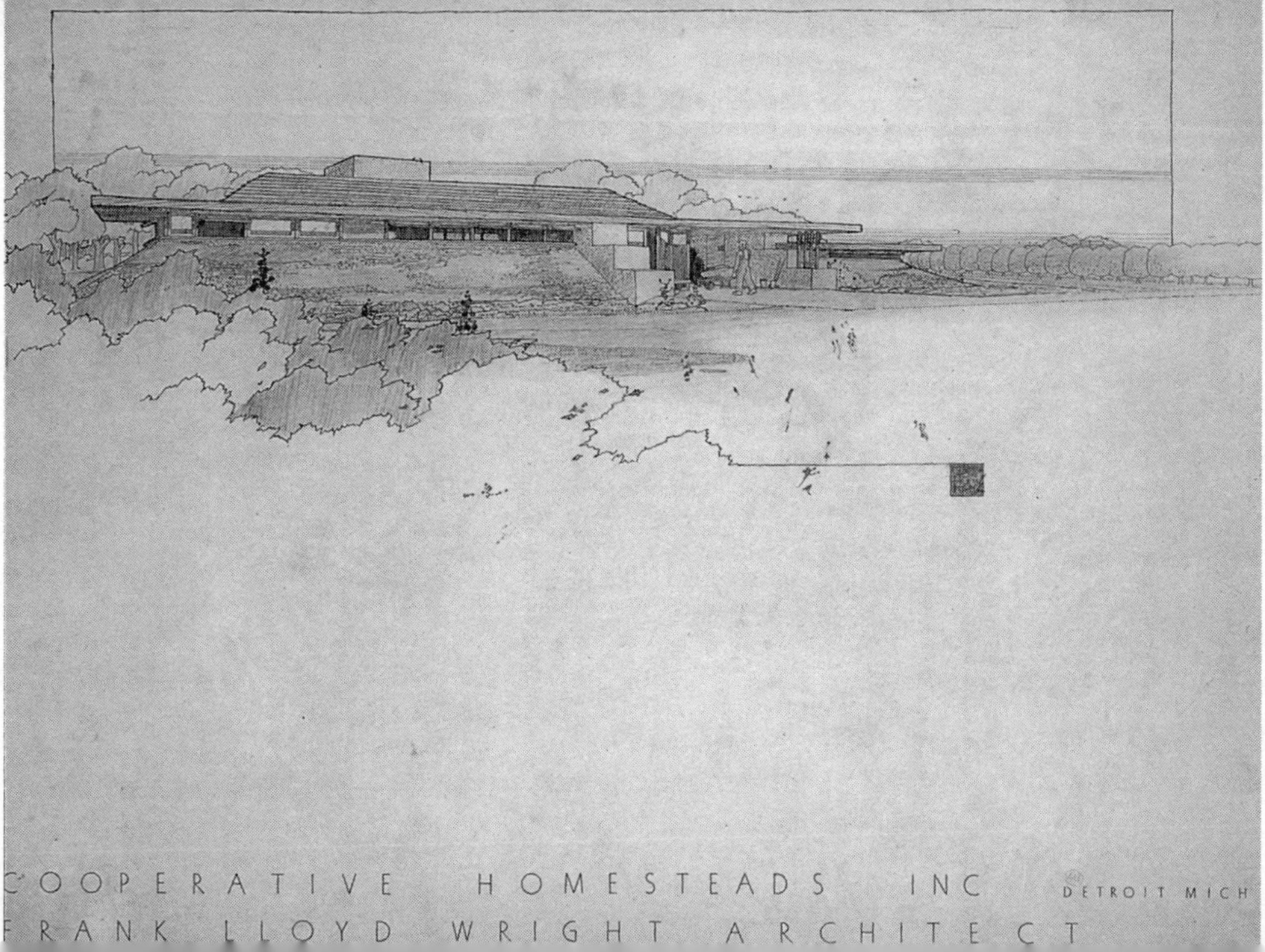
COOPERATIVE HOMESTEADS INC
DETROIT MICH
FRANK LLOYD WRIGHT ARCHITECT

COOPERATIVE HOMESTEADS INC
DETROIT MICH
RANK LLOYD WRIGHT ARCHITECT

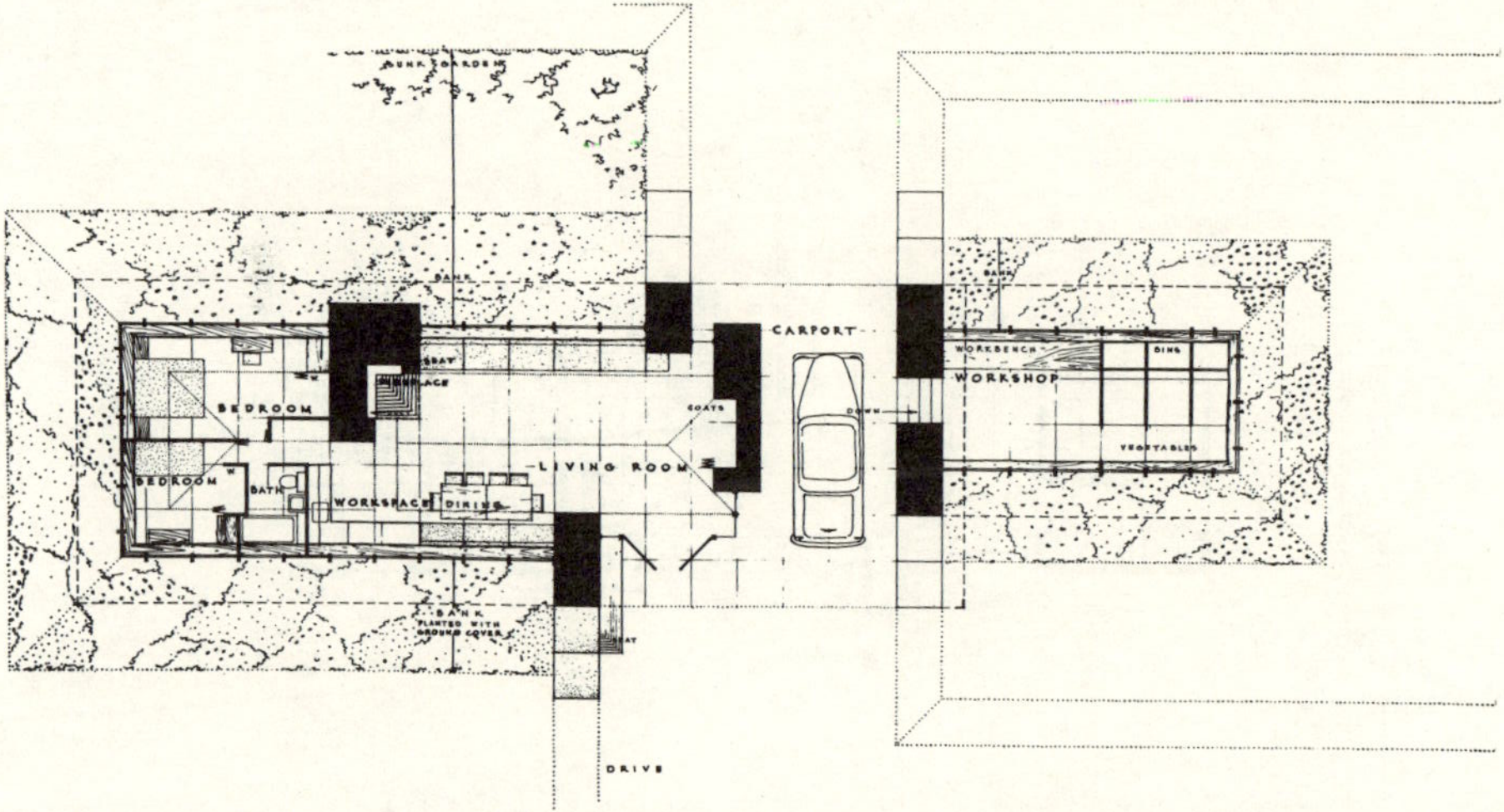

コーポラティブ・ホームステッドの土塁型住宅の平面。ミシガン州デトロイト。1942年時点のコストは4,000ドル。

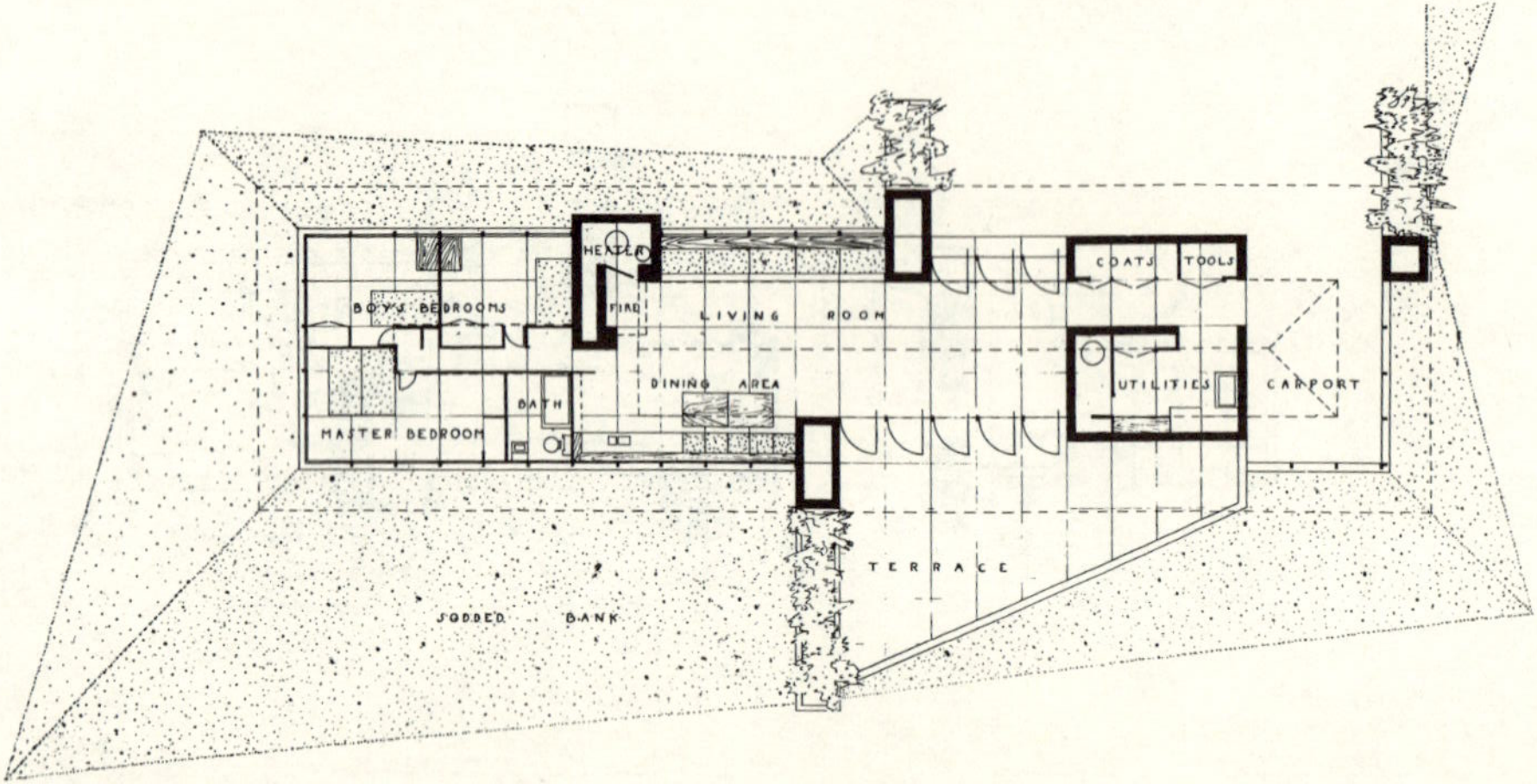

キース邸、ミネソタ州ロチェスター。1950～51年のコストは26,000ドル。

キース邸、ミネソタ州ロチェスター。

囲まれたテラスに向けて、居間が開く。

土塁の上に寝室の窓が覗く。

家をどのように照らすか

家を照らすもっともよい方法は、神の照らし給う仕方――すなわち、自然のやり方だ。昼のうちは自然光にできる限り近づけ、夜もなるべく昼のように、あるいはいっそう昼らしくする。

街はふつう東西南北の街路で格子切りにされている。思うに、これはただ単に測量士の手間を省くためのことなのだ。いずれにせよ、人間がそういう秩序に合わせて建物を建てねばならない、といった確固たる思想があるわけではない。そしてその結果、すべての家に「陽の当たらない面」ができてしまう。

測量士は、南が生活にとって快適な方位であるということ、家の南面が「生活の」面であるということを教わってきていないようだ。ふつう家を敷地に配するには、南側に三〇～六〇フィート［約九～一八メートル］ほど、充分に後退させるべきだ。そうすれば、日中いずれかの時刻に、家のなかのすべての部屋に太陽光が行きわたることになる。もし測量士の愚かさのせいで、家が北に面さざるを得ない場合は、必ず南側に高窓《クリアストーリー》を（明かり取りとして）配する。こうすればどんな家でも太陽光が不足することはない。それにしても測量士の不始末の尻ぬぐいには金がかかる。

偉大なる発光体

だから、照明の第一の条件は、建物を適切な方位に向けることだ。人工光も太陽光に劣らず重要だ。南にいくらか傾きながら東から西へと進む太陽の運行を肌で感じている建築家なら、きっと自然光を美しく扱うことができるはずだ。太陽はあらゆる生命を養う偉大なる発光体である。どんな家にも、どんな建物にも、すべからく恵みを垂れるのだ。だが、ここに落とし穴がある。「光」をあまりにも大量に取り入れてしまう危険である。何の防御もないガラスの箱[68]に入れられた人間は、まるで「囚われ人」だ――馬鹿馬鹿しい話だ。家を計画するときには、光をうまく制御しなければならない。光が必要に自然に応えるようにして、手の込んだ装置をあまり使わなくても、あれこれ操作しなくても済むようにする――光を遮ったせいで光を点けることになるのは、本末転倒なのだから。

さて、今度は人工照明について。これも建物の統合的な一部とならねばならない――昼間の光にできる限り近づけるのだ。一八九三年、私は電球をむき出しにするのをやめ、以来、室内に突き出した棚板の上や、奥まったところに配して、建物自体が光を発するようにしてきた。自然光と同じところから光がやって来るようにすべきなのだ。ときには光源を外部に置き、家のまわりの地面を照らすようにして、間接的に室内を照らすようにする。

照明の配線は、給排水や暖房の配管と同じく、特別なデザインを施さない限り、家の中のいかなる場所でも一切露出してはならない――あなただって、自分の内臓が皮膚の表面からはみだしていたら、さぞ不愉快だろう。照明器具を（何でもすべからくそうなのだが）躯体の**中に**取り込み、躯体の**一部として**はたらくようにしてやらねばならない。だが、何より大切なのは、建物自体を適切な方位に配することだ。

鋼鉄とガラス

今日では、家を建てるのに役立つ数々の新技術がある。有機的建築を可能にする新しい自由は、主として鋼鉄とガラスという奇跡の素材によってもたらされた。空間をもっと自由に、もっと大きなスパンでつくることができるのだ。鋼鉄の引張耐力によって、空間をいっそう開放的につくることができ、ガラスによって、自然（環境）とのさらに近しい関係が実現できる。今やあたりまえに見かけるこれらの素材のおかげで、建物は様々な方向にゆったりと広がっていけるようになった。慎ましやかな箱が課してきた伝統的抑圧は、打ち破られたのだ。

地下室

家には――よほどのことがない限り――地下室を設けるべきではない。地下室というものは、何をどうしたって、いやな臭いのこもった湿った場所にしかならないのだ。そこから湿った空気と不健康な雰囲気が上まであがって来る。滅多に人が行かないからだ――そこで暮らそうなどという人はまずいない――醜い場所になること必定だ。誰だって、なんのかのと物をため込むことになる。そこにしまって、そして忘れてしまうのだ。こうして地下室は、住人が見栄えよく暮らすための大きな内緒の隠し場所になる――私が建物を建てはじめたころからそうだった。どれほど多くの善良なる主婦たち、主人たちが地下室への階段を転げ落ちたか、考えてもみたまえ。そうしてしばらくの間、下りた保険金でやりくりする羽目になる――それともいっそ死んでしまって、全額給付を受けるかだ。

地下室に対する反対論をもうひとつ。それが結構高くつくということだ。地表面から

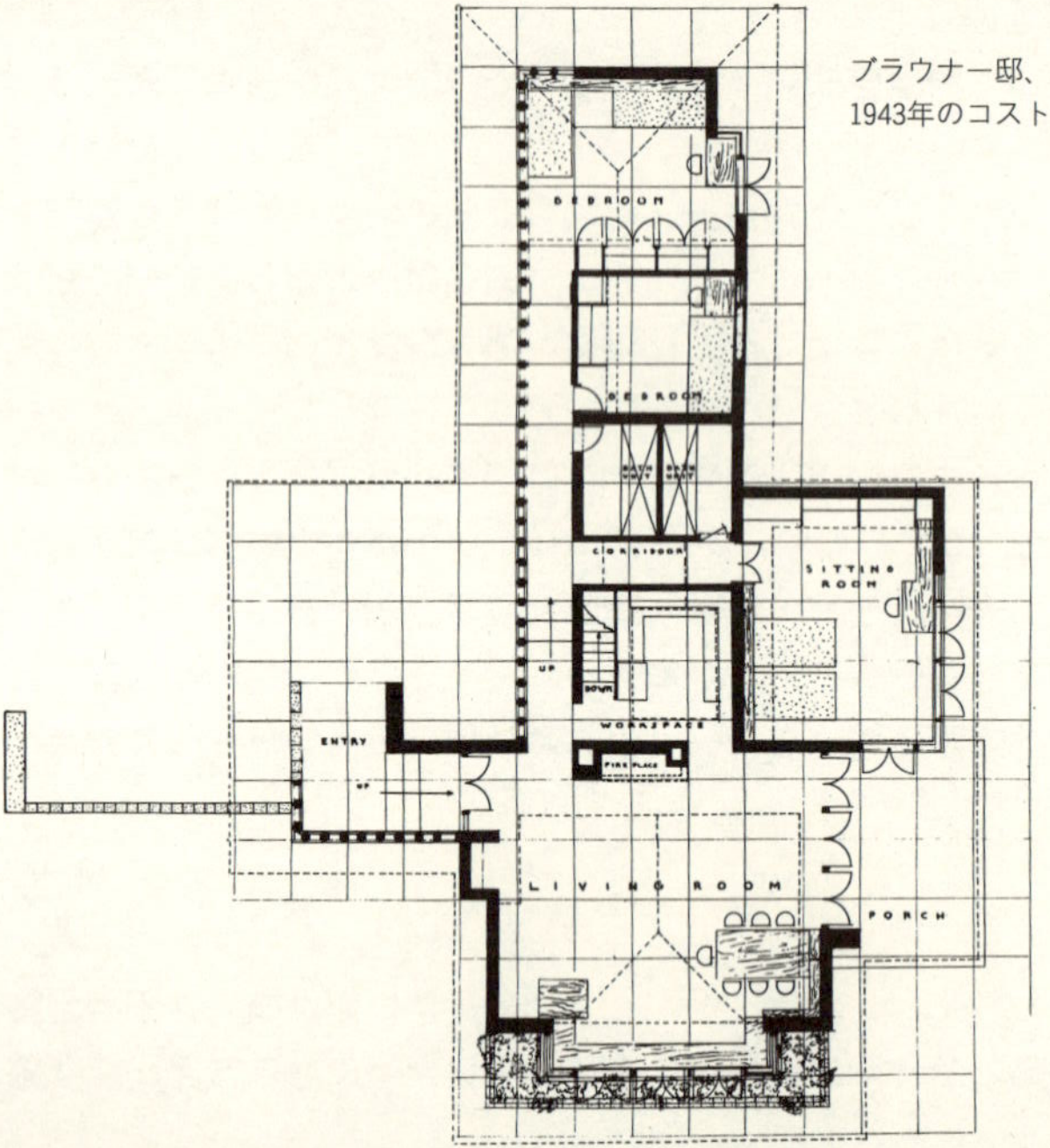

ブラウナー邸、ミシガン州オケモス。
1943年のコストは10,000ドル。

ブラウナー邸、ミシガン州オケモス。居間は２方向に開く。左手には車寄せ。

六ないし八フィート［約一・八〜二・四メートル］も掘らなければならない。大げさな掘削工事が要るということだ。どんな建物にもあてはまるが、それこそ戯《たわ》けた所業である。上にはどっちみち床を張らねばならないし、せっかくつくった空間も、すでに述べた通り、胡散臭いがらくたでいっぱいになるだけなのだ。

もちろん地下室にだってそれなりの利便はある。しかしそれは別のやり方でも得られるのだ。今では機械装置はかなり小さく、見栄えもよくなっている。だから我々は、近代的な機械を置く場所を地上階にとり、地下室をできる限りつくらないようにしている。

断熱と暖房

極寒の土地、酷暑の土地、どちらも建物の上面には十分断熱を施さねばならない。非常によい効果が期待できるので、投資のしがいもあるというものだ。それに比べて壁の断熱層ないし空気層はずっと重要度が低い。近代的空調・暖房システムを用いれば、ほとんどいかなる状況にも対処できる。

暑い気候の場合に最適な屋根や壁の断熱法は、寒い地域のそれとほとんど同じである。建物を暖めるときの抵抗は、建物を冷やす場合と同じだからだ。もちろん、細かい仕様は状況に応じて多少変化するが。暖かな気候で重要なのは、屋根があまりに熱くならないようにすることだ。屋根の断熱材は太陽光によって寿命が極端に短くなるので、耐久性に優れた覆いをかぶせる必要がある。我々の知る限り、砂漠のような酷暑でも十分長持ちする屋根ふき材はまだない——だがホワイトトップ[69]は経済的だ。白色は光の熱を吸収せず、反射する率が高いからだ。

一方、ウィスコンシン州南部のような寒い気候では、断熱の第一の目的は床暖房のためである。床を暖房したときには——重力の作用によって熱が上昇するため——壁の断熱性はたいして重要ではない。寒いときでも足元が暖かく、座るところも暖かければ、窓を開けても快適に過ごせるほどだ。一方、頭上の断熱は極めて重要だ。上昇した熱がどこかで冷やされると、今度は下がってくる。どんどん熱を送ってやらなければならなくなるのだ。だが、頭上が寒さに対して適度な防御を備えてさえいれば、家を非常に経済的に暖めることができる。ほかのいかなるシステムも及ばないほどだ。

そうかと思うと、今度は雪。これは非常に優れた断熱材である。ただし金で買えない。北部では、屋根の上の雪の融け具合を見れば、家の断熱がどれだけしっかりしているかがわかる。雪がすぐに融けずに乗っかっていれば、屋根の断熱は非常にうまくいっているということだ。ある程度断熱してやれば、上に雪が積もってさらに断熱してくれる。

屋根の上に雪を載せるのは常に好ましいことであり、先見の明があったということである。だから陸屋根に軍配が上がる。雪下ろしのために屋根に上がっている人を眼にするが、私にはその苦行が何のためなのかわからない——雪が積もると荷重が増し屋根が壊れるからか、勾配が急だと重い雪が滑り落ち、何かを壊したり、誰かをけがさせたりするからか。

屋根の形

さて、今度は屋根の形状——片流れ、寄棟、陸屋根のどれにするか——それはそれぞれの利点を比べ、あなたの好みないし知識に照らして、どれがいちばん周辺状況にふさわしいか判断して決めるということだ。

傾斜屋根の利点のひとつは、内部にまとまりのある空間感覚が生まれるということである。私は、頭の上で空間が持ちあがる感覚を好ましいと思う。かたや陸屋根は工事のしやすさに分がある。当たり前だが、つくるのが簡単なのだ。しかし陸屋根では雨仕舞いをきちんとするための工夫が要る。ひとつのやり方は屋根面を軒先に向けてゆるやかに傾斜させることである。下地に「飼いもの」を嚙ませればよい。陸屋根の雨仕舞いには、ほかにもいろいろな手法があるが、いずれにせよきちんと処理しておかねばならない。

一方、最も安価なのが片流れ屋根――屋根が一方向にいくらか傾斜しているものである。この屋根は他のどの屋根よりも建設費を節約できる。水の問題はない。勾配のとおりに流れ落ちて終わりである。寄棟屋根の場合でも、二手に分かれた水はいずれどこかの谷で出会うことになるのだから、同じく問題ない。

陸屋根の上をよい土で覆うというやり方は、様々な地域に適するアイデアのひとつである。私はこれを「土塁型屋根」と呼んでいる。屋根の上に――だいたい一六インチ［約四〇センチメートル］ほど――肥えた土を敷込んで、好みにあった草花を植える。考えられる限り、最も自然な断熱層のできあがりだ。おそらく値段も最低だろう。下にいるときの感覚は実に心地よい。ヴァージニアにいる息子のレウェリンに家を建ててやるときには、陸屋根の上に土を載せてやろうと思っている。

時には、周辺部が高く中央に向かって下がる傾斜屋根を使うこともある。屋根の形は好みに応じてどのようにでも工夫できる。だが、屋根の形を選択するときは、その土地の風雨をうまく処理することに加えて、その形が周辺の状況に合うかどうか、あなたの個人的な好みに照らし、きちんと判断せねばならない――おそらく。

屋根裏部屋

なぜ、よい暮らしの場になりうる空間を屋根裏部屋にして、地下室と同じように台なしにしてしまうのだろう？　家のなかのこういう無駄な空間を部屋に変えるアイデアを思いついて、計画に活かそうとは、まったく考えてもみないらしいのだ。いつか使われることもあるだろうと言いながら、問題のある空間、使われもしない空間をたくさん詰め込んでしまった家など、どう見てもうまく設計された家とは言えない。実際、わざわざ無駄な空間を設計するということは、建築家の才能の無駄遣いなのだし、そのなかで暮らす人間の無駄遣いだ。何もかもすべてが無駄遣いに終わってしまうのだ。

アリゾナ州フェニックスのレーモンド・カールソン邸。上階の書斎の欄間窓の細部。

将来子供が増えて部屋がもっと必要になるはずだから、あらかじめつくっておきたいというのだったら、無駄な空間にしないよう、よく考えてほしい。だが往々にして屋根裏部屋というものは、見栄えをよくしようとして、家のなかに無理矢理入り込んでくる。屋根裏を、我々のいう明かり取り《ランタン》や高窓《クリアストーリー》にすれば、そこから部屋に太陽光を導き入れることができる。普通には取ることができない光だ。これだって上昇感と美感を生みだすことができる。最近の我々の設計の多くに、こうした例を見ることができるだろう。

私は、すべての「無駄」になるはずの空間を使い尽くすことにしている。それを家の一部として、無駄な空間とは思えないほど美しくしてやるのだ。ちょうどこんなものだ。林檎を食べている小さな子がいる。小さな子がもうひとり、芯のところだけでももらえないかと思ってそばに行くと、林檎を食べている子がこう言うのだ――「ごめーん、芯もぜーんぶたべちゃうもんね」。

台所の大きさ

ユーソニアン住宅では、台所の大きさは依頼主の個人的な好みに大きく左右される。家事の最中に多くの運動をしたがる人もいる――場所から場所へできる限り歩きたいと

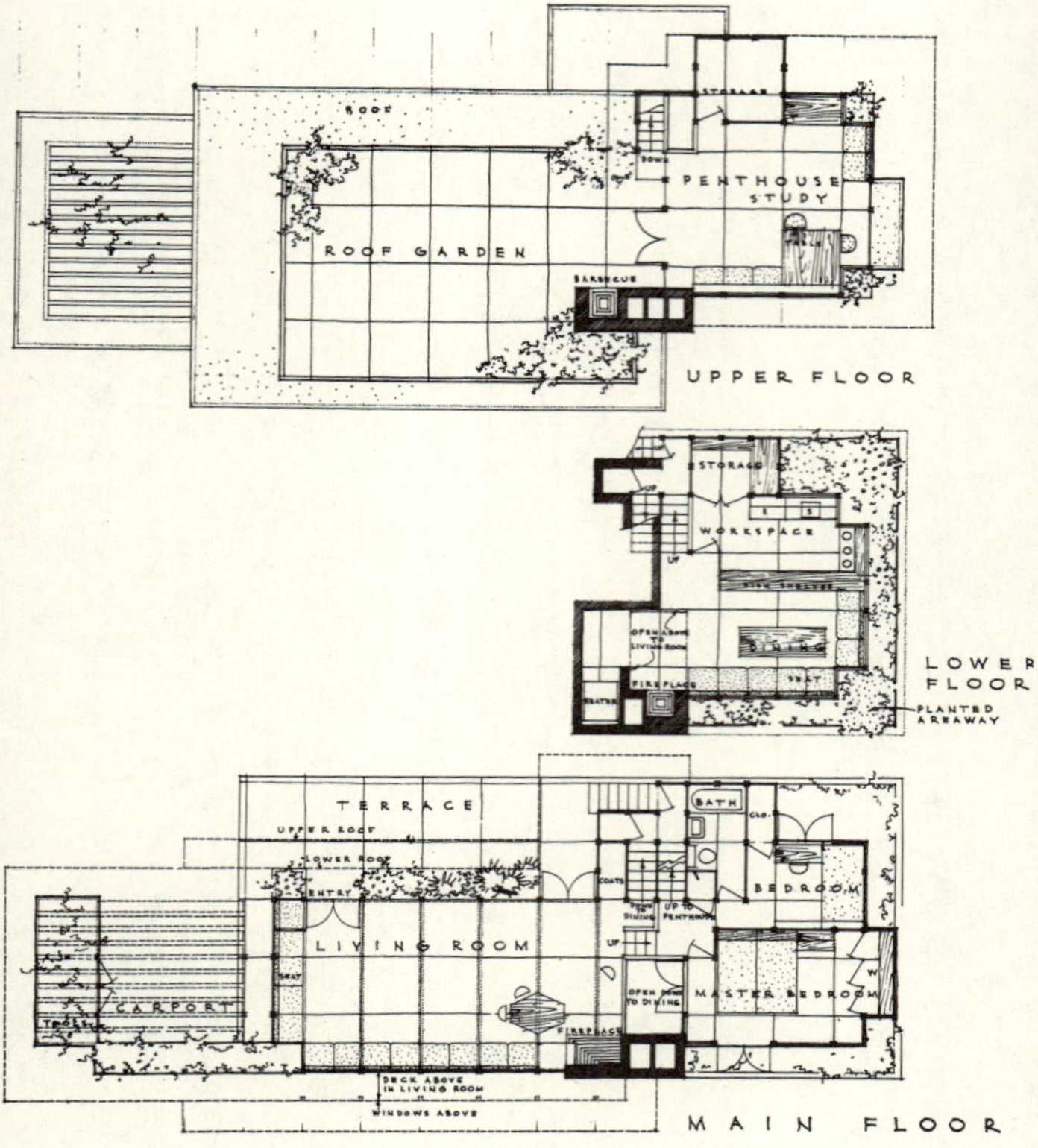

レーモンド・カールソン邸、アリゾナ州フェニックス。1951年時点のコストは16,000ドル。

レーモンド・カールソン邸、アリゾナ州フェニックス。北西側を見る。

ワークスペースからの眺め。右側の写真に見える食事空間との境にある棚ごしに見通したところ。食堂の3面はすべて植物の植わった空堀になっている。

レーモンド・カールソン邸、アリゾナ州フェニックス。東側を見る。

言うのだ。かと思うと、ある女性はあらゆるものをキャスターの上に載せたいと言う。屈むのは絶対ごめんだと言う人もいる。仕事はすべからく立ってやりたいのだ。こういう人には、オーブンを壁に埋込むなどして、すべて高い位置にしつらえるようにする。屈むのが苦にならない人の場合、事はもっとコンパクトに行く。今度は、あっちこっち歩き回ることが億劫なのだ。こういうときは、ものをキャスターに載せてやる。現代の家庭器具類はうまくデザインされるようになったので、こうしたことも簡単にできる。

我々自身は、台所を小さくつくり、ものをキャスターに載せたいと思っている。ほかの部屋の空間性の発揮に建設費を回せるからだ。時には台所を小さくつくり過ぎ、奥さんからもっと大きくして欲しいと言われることがある。ご希望に添えるときもあるし、添えないときもある——家全体としての設計のバランスが崩れることがあるからだ。

私は、台所がユーソニアン住宅における仕事場としての役割を担いながらも、居間の一部になると考えている——そうありたいと心から思う。農場暮しの時代、大きな居間がひとつあって、真ん中にはストーブがあった。お母さんはそこで料理した——子供の面倒を見ながら、お父さんと話しながら——犬や猫や煙草の煙と一緒になって——すべてに**気心の通じた**[70]暮らしだった——整然としてさえいれば。しかしそういうことは稀だった。子供たちがまわりでじゃれあうのだから。だが、家庭的な雰囲気というものは確かにつくり出されていた。魅力的なことだ。すべてを古き良き暮らしぶりとして諦めてしまうことはできない――私はそう思う。こうしたわけで、ユーソニアン住宅では台所を「ワークスペース」と呼び、居間と関係しあうように位置付ける。実際の姿は居間付属のアルコーブのようになる。天井は居間より高くとり、換気をよくし、空間に広がりを与えるようにする。

台所は臭気の発生源のひとつである。だから台所の天井を居間よりも高くして換気塔にする。すると、周囲の部屋からすべての空気が吸い寄せられ、台所を通じて引張り上げられる。夕食の献立がレバーとオニオンだったとしても、そのことは居間ではまったく察知できない。食卓に出されるまでわからないのだ。便所や風呂場など、ほかの場所から発する臭気なども同様に処理する。しかしこの方法では音は除去できない。だからユーソニアン住宅の台所は、あまりに騒々しいようではいけない。

このように、ユーソニアン住宅の台所のすべては、近代的かつ魅力的なものになる(そうすることは容易なのだ)。居間と一体になっているからこそできることだ。台所(ワークスペース)は、その内部が魅力的であるのはもちろん、そこから居間が心地よく見渡せる場所でなくてはならない――むしろ後のほうが重要だ。ニューヨークの展覧会の折に建てたユーソニアン住宅(一九五三年の秋)では、台所は「仕事の場所」であるばかりでなく、家を眺める楽しい小さな座ともなっている。

依頼主と家

ふつう、依頼主の要望や要求は、よほどのことがない限り建物へと取り入れられ、そのすべての特質に反映されていくことになる。ただし依頼主は、妙な個人的趣味に凝り固まらず、知的明晰さを保つようにしなければならない。こうした知的な態度に出会うのはそれほど稀ではない。しかし「財をなした人」のとき——すなわち「成功者」であるとき——彼はその「成功」ゆえに、自分のことを他人に対し語るに足る人間であると勘違いしてしまう。本当は良くわかっていないことでも堂々と——家のことなど、その最たる例だ。財産づくりの成功が、彼を万能専門家にしたと勘違いさせるのだ。そうして彼は万能専門家として自分の個人的趣味を押し付けはじめる。

しかし、よきビジネスマンやその妻たちと本当のトラブルになったことはあまりない。**確かに**彼らには、いわゆる「常識」がある。無慈悲な競争に明け暮れるこの国で何らかの財をなそうするなら、常識を備えなければならないのは当然だ——少なくとも、このよいセンスを備えた御仁に、事物のなかに潜む微妙な内的本性について講釈することはできる。だが、そういう人に限って、そんなことは考えてみたこともないというわけだ――しかし、そういう人々のなかにも進んでいかなくてはいけない。

しかし妻のほうはどうだ？　彼女の場合、事情はまったく異なっている。夫を今見る人物につくり上げたのは彼女なのである。我々が出会う妻たちは、家づくりに関し、夫よりもはるかに賢いことがふつうである。不貞なる結婚はよい建築の敵である――当たり前かも知れないが。

家族の拡大と増築

若夫婦のためのユーソニアン住宅では、これから家族が増えていくのに備え、形を崩さず後から増築できるようにしておくことができる。平面図を見ればわかるように、ユーソニアン住宅はおたまじゃくしの形をしている――長短はあるが、尻尾がくっついた家である。おたまじゃくしの体にあたるのは、居間およびそれに付随する台所――ワークスペースと呼ぶ――ユーソニアにふさわしい、家族のための機能を集中させた空間だ。そこからある方向に向かって尻尾が伸びる。寝室が一室、二室、さらに三、四、五、六室も伸びていく。二室ごとに使いよい浴室が挟み込まれる。時には――静かさを保っためなどの理由で——尻尾を居間の棟からいったん切り離し、歩廊《ロッジア》を介してつなぐこともある。たいへん優雅なやり方だ。

おたまじゃくしの尻尾の長さは、子供の数と家計の額で決まる。尻尾が長ければ、ムカデのようにとぐろを巻けばよい。あるいは分断して雁行《がんこう》させることもできる。この棟は、あなたが育てようとする子供の数だけ、どんどん伸ばしていくことができる。ユーソニアン住宅が、単なる箱よりも、ずっと家族の成長のありかたに即しているのが分かるだろう。

子供部屋

子供のたくさんいる人こそ家を建てようとするものだが、子供のためにきちんとしたことをする資金には事欠くことになる。子供のための予算など**ないのが普通**なのだ。にもかかわらず以前と変わらず子供をつくり続ける。彼らがほかに何をしてやれるか、やれないかを考えることもせず。だから建築家は子供たちをどうにかして押し込まざるを得なくなる。そういう場合のアイデアとして、二段ベッドを導入して寝場所を極小とし、別にプレイルームをつくってやるという方法がある。できればこれは寝室部分から切り離した方がよい。あるいは子供のための空間を完全に別棟にする手もある。

そういうわけで、我々は子供たちの寝室に二段ベッドを使う。小さな部屋にふたりの子供を収容して浴室の隣に置くのだ。我々のつくるほとんどの家では、天井高さから見て二人分重ねるのが精一杯だが、三人目も入れられないことはない。今日まで受け継がれてきた神秘の掟により男の子と女の子の部屋は分けなければならない。こうして三寝室のコンパクトな家が現在のところの最小構成となるのである。

プレイルームは、一部を外部空間、一部は内部空間としてつくり、子供たちに少々遊びの自由を与えるなどの配慮をする。言うまでもないことだが、子供たちはふつう居間で遊ぶので、家中が大騒ぎに巻き込まれがちだ。そうなるとすべてがいいかげんになり、内が外に、上が下に、家中がひっくり返ってしまい、どうにも処置に困ることになる。ごくふつうの家族(子供たちとその親)に家を建ててやるということは、実に騒々しい狂想曲なのである。子供たちをどこかにやってしまうか、あるいはどこかに尻を叩いて閉じ込めてしまわない限り、家全体が占領されてしまう。大人は仕方なく、自分たちがなるべく快適に過ごせるよう、あれこれ算段する羽目に陥るわけだ。

適切で配慮の行き届いた家に住むことは、大人よりもむしろ子供にとって重要である。なぜなら大人は、すでに人生の半ばまで過ごしていて、家の雰囲気から得るものも失うものもそれほど多くはないからだ。だが子供は人生のはじまりにいる。彼らの人生はすべてまだこれからである。お父さんやお母さんの時代が達し得なかったもっと高い水準に至る可能性が残っているのだ。しかし四〇を過ぎた――あるいは三五でも――親にとって、家は子供の場合ほど重要ではない。いずれ時が来て、子供が自分が育った家をあとにするとしてもである。カトリックではこう言い習わされている、「私には七歳までの子供を任せよ。しかし、その歳を過ぎた子を連れてきても情けはかけない」[71]。この言葉の背後には、子供時代の印象は決して ぬぐい去ることができないという認識がある。

以上の理由、さらにほかの様々な理由から見て、子供が調和した建築的環境のなかで育つことには特別の重要性がある。子供時代こそ、明朗闊達な雰囲気のなかで暮らし、より優れたものを意識することが大切なのだ。夫婦がたいした考えもなしに早く子をもうける傾向があるのは残念なことだ。その結果、建築家は子供を小さな小さな子供部屋に押し込め、二段ベッドに寝かしつけ、家の尻尾に追いやらねばならなくなる。そうして家での生活が、おしめを取り替えるだけの単調なものに変質してしまうのだ。

ユーソニアン住宅にふさわしい敷物、カーテン、家具とは、建物と同じ有機的性格のものである。すなわち、それそのものの質感やパターンがそれ自身のデザインのなかで共調し、さらにそれが配され彩る（あるいは台無しにしてしまう）ことになる建物のデザインやつくられ方と、共鳴しなくてはならない。例えばモビールは、それが釣り下げられる部屋のデザインをうまく案配してつくるのがよい。

家の建設に使われる素材の本性から、こうした新しい効果がもたらされる。だが、この「効果」も、芸術家たる建築家が与えるすべてではない。彼は素材の本性を明確に認識するだけでなく、彼の訓練された想像力によって、彼自身に培われた感受性によって、あらゆるものをひとつの全体として結晶させるのである。あなたにできるのは、気に入った成果をただ丸ごと受け入れることだけだ。

選択の幅は広がってきている。だが、いまだにろうそくを両端から燃やそうとする[72]製造業者のありさまは、びっくりするほど昔と変わらない。なつかしいウィリアム・モリス[73]のころのものや、あまつさえロココ時代の布地をいまだにぶらさげている。あなたにはアールヌーボーの、ロココの、モリスの、古代の、そして現代のものを、同じ店先で、同じ目的のために、同じ価格で手に入れてしまう危険があるのだ。

椅子

私の初期のころの椅子に対するアプローチは、何とも不面目かつ迂闊な失敗だった。その原因は、そのころはまだ座るということそれ自体を必要悪ととらえ、優雅な仕草ととらえていなかったためだ。しかも、そういう不自然な姿勢を取らせる椅子を「自然なもの」とみなしていた。リラックスした状態に唯一ふさわしいのは、寄りかかった姿である。だから、理想的な椅子とは優雅に寄りかかって「座る人」の姿をつくり出すものなのだ。市場に出回っている最新の椅子でさえ、ただの座るための機械である。だが、本当に神様がこうした椅子の上にあなたや私を折り畳んでのっけようと思し召されたのか、私は疑わしいと思う。もしそうなら折り畳み椅子は、もっと人を優雅に見せるはずだ。人が確かにそうあるべきだという風に見えなければならないのだ。

今では、我々は、長椅子や座席を家に造り付け、すべて建物の一部にしようとしている。それでも使い勝手のよい可動椅子は必要だろう。ちょっと腰掛けるための「動かせる」椅子にはたくさんの種類がある。気楽で軽い。しかし身体の方を折り畳んでまるま

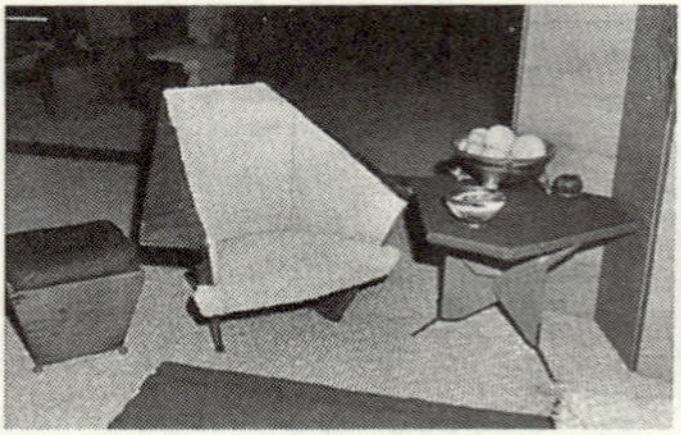

（左）腰掛け、居間用の椅子、テーブル――アリゾナ州、タリアセン・ウエスト。
（右）居間につくり付けたクッション付きの長椅子および椅子。タリアセン・ウエスト。

ったり、寝転がって新聞（あるいはそんな類のもの）を読みながらうたた寝するような大きな椅子は、まだつくるのが難しい。私はこういう「居間用の椅子」をできる限りよくしようとしてきたが、まだ遺憾ながら、動かそうとするときには誰か助けを呼ばねばならない。私はしょっちゅう自分がデザインした椅子のどこかに足をぶつけて来た。だが我々は目標を達成しつつある。きっとよい椅子ができあがるに違いない。でもそれは、まるで蜘蛛みたいな金属脚の椅子[74]ではない。そこらの流行りの鋼製家具とは、まったく違った姿になるはずである――いや、勘違いしないでもらいたい。だからと言って、何だかふかふかマフマフした椅子をつくろうというわけではないのだ。「マフマフちゃんがクッションに座って、わた飴とマシュマロをほおばっていると、おおきな黒蜘蛛がやって来た。びっくり仰天のマフマフちゃん、いちもくさんに逃げてった[75]」。私は黒蜘蛛におどかされた「マ

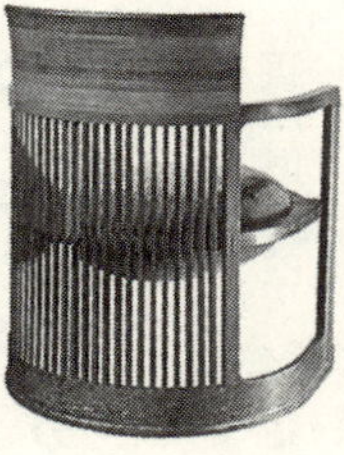

フマフちゃん」を可哀想には思うが――でもそれは、家の外でのおはなし。

椅子はそれが置かれ使われる建物に合わせてデザインされねばならない。有機的建築では椅子は機械器具のように見えてはならず、建物がつくり出す環境の優雅な一員として見えなければならない。だから詰め物でふかふかにされた座るための箱が、座るための機械よりましだということにはならない。

実用的に見ても、こうした椅子に問題があることは疑いない。快適な椅子を見つけたと思っても、座ってみると身体は完璧に快適というほどでもなく、これまで使ってみた限りでは、まだ威厳とくつろぎの感覚が不足している。しかし、実際に快適かどうかということを度外視さえすれば、少なくとも快適に座っているように見える椅子をデザインできるようにはなった。さらに一歩進んで、身体を折り曲げたり伸ばしたりするにつれ、心身ともに快適さを味わえるようにしていこうではないか。それを思い止まらせる理由などないのだから。

建物の内部が、完璧なる調和のなかに椅子を取り込むことができたとき、我々の文化は、決して小さくはない病弊を乗り越えたことになるのだ。

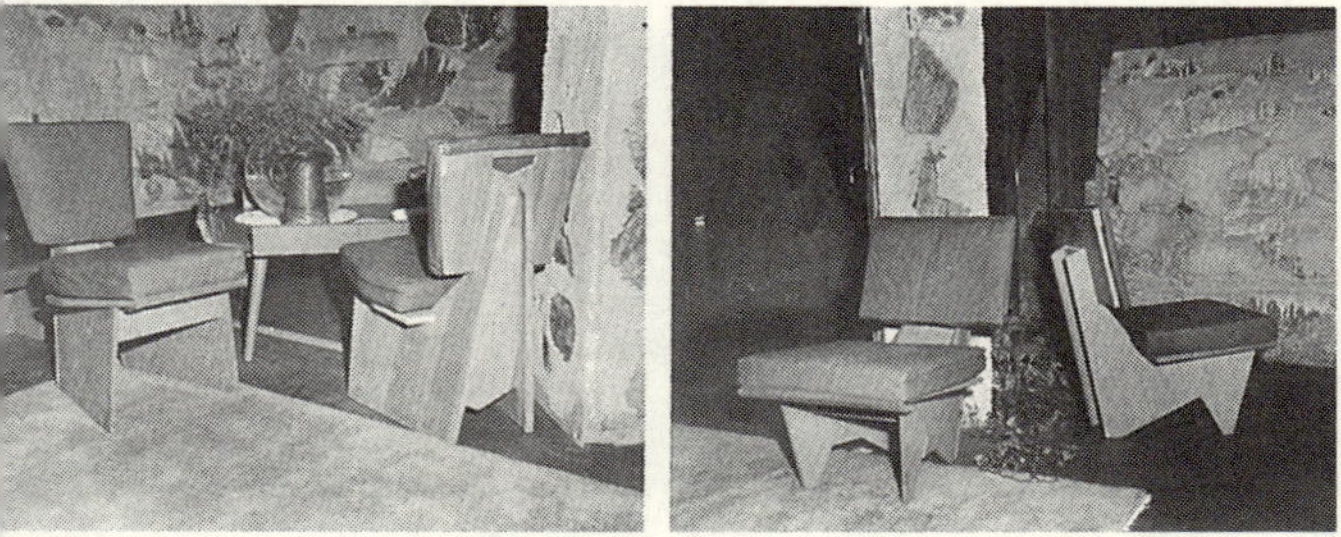

タリアセン・ウエストの食卓用の椅子。

居間の隅のしつらえ。タリアセン・ウエスト。

塗装

有機的建築には、後付け材料の入り込む余地はほとんどまったくない。塗装や壁紙などのように、何かの表面に後からくっつけるようなものは、何であろうと気に入ったためしがない。もし、あるものの上に何かをうまく取り付けたとするなら、それは、そのもの自体の一部となるはずであり、その元々の性格は保たれるはずである。これが望むべきことだ。しかし、何かの上につや出し——エナメル——を塗れば、その元々の本性は失われ、その自然な表情が変わってしまう。有機的建築の理念を冒瀆する罪を犯したも同然だ。下にある素材の表情を殺してしまうような仕上げを、我々は絶対に使わない。まがいものの代用品など言わずもがなだ。木は木であり、コンクリートはコンクリートであり、石は石なのである。我々は、いったん何かの素材を選んだら、それ固有の美しさを最大限に引き出すことに集中する。

我々が用いるのは、何らかの素材の上に行なう表面処理のうち、それそのもののあり方をよく保たせるためのものだけである——木にペンキを塗れば長持ちするというのは迷信である。逆が正しい。我々と同じく、木は呼吸しなければ生きていけない。木をペンキで覆ってしまうと呼吸が止まり、その生命を延ばすことなど到底できないのだ。思っていたのとまるで正反対のことをしたわけである。木に着色するのはあり得る方法ではあるが、ペンキを塗るのはまったく別のことである。何にせよ自然の素材に何かを塗ったら、その寿命は伸びたのではなく、おそらく短くなったのだ。

空気調和の是非

私には、空調《エアコン》は両刃の剣のように思える。極端な温度の上下は、建物にも人体にも悪影響を及ぼす。極端に熱かったり寒かったりする場所に建物を建てるのは難しいことだ。たとえば、タリアセン・ウエストの私の寝室を覆っている天井板は、日中激しく熱せられ、明け方の三時頃になると今度は収縮し、目地が離れてパキパキときしむ音がする。温度変化は建物の材料すべてに影響を及ぼすのだ。

人間の身体はもっと適応力があるが、骨組をもとに組み立てられているという点では、建物の原理と同じだとも言える。私はシャツ姿で八〇度［摂氏約二七度］のところにじっと座っていることができ、七五度［約二四度］で快適な涼しさを感じる。それから一一八度［約四八度］の屋外に出る。心してひとつふたつ呼吸を整えると、すぐにその変化に慣れてしまう。人間の身体は、あちこち動き回っても、自分自身を適応させる仕組みを備えているのだ。だが、冷房をかけて、こうした変化をあまりに激しく頻繁に繰り返すようになると、むしろ耐え難さが増す。中を涼しくすればするほど、外がますます暑く感じられるというわけだ。そうやって行き着く先は、自然がお手上げになるということだ。自然はただあなたにこう告げることになる。「まあ、それがいったい何の役に立つのかしら？」自然でさえ、皆を常に喜ばせ続けることはできない。

だから空調は、細心の知的配慮のもとで行なわなくてはいけない。生活のなかで遭遇する温度差が小さいほど、生来備わった快適さが保障される。空気の流れが顔や足にあたって風を感じているときには、人間はほとんど熱を獲得しない。私は暑い部屋に閉じ込められると何とも耐え難い感じに襲われる。誰でも同じだと思うが。

タリアセン・ウエスト、アリゾナ州フェニックス近郊、パラダイス・バレー。

だから非常に暑いところでは、空調を次の方針で扱うべきである。まず上部の防御を完璧にして、建物のほかの部分はできるだけ風を入れられるよう開放的にする。タリアセン・ウエストが建っている砂漠の斜面ではいつも風が吹いている。ここに初めて来てひと夏を街なかで過ごしたとき、眠りにつくまでにシーツがじっとりと濡れてしまったものだ。北部出身の私は、パン焼き釜のなかで暮らすような暑さにはまったく慣れていなかった。しかし年間通して住んでみたら——風の流れさえ得られれば——すぐに慣れることができると思う。

高温多湿の気候のなかで空調を行うもうひとつの技法として、私がメキシコのアカプルコの家で工夫した「暖炉」がある。この「暖炉」では、空気が上に昇って排出されるのとは逆に、吸い込まれて下がってくる。火床にあたる場所は、冷たい水を張った

タリアセン・ノース、ウィスコンシン州スプリンググリーン。

池になっていて、煙突から人工の雨が降ってくる。池の水は、空調用の冷却器で冷やされるようになっている。皆、この「暖炉」のまわりに座って涼しさを味わい、同時に建物自体も冷やされるという仕掛けである。煙突は屋根からあまり突き出さなくてよい。水が流れ続けさえすればよいのだ——だからその姿を屋根の上に低くのぞかせるだけだ。

空調は、寒い気候のところでも使われるようになってきている。その目的は外部の状態に関係なく快適な湿度を保つためだという。私はあまり信じていない。わざわざ自分勝手に人工的な気候をつくるより、**自然のままに**行く方がはるかに良いのではないかと思う。気候は人間にとって何がしかの意味をもっている。それは、内部で営まれる生活と関係を結んでいるのだ。自然は身体を柔軟につくった。人間の身体というものは、環境や周辺の状況に常に適応するようになっている。人間の皮膚の色と質感は——例えば暗色だったり明色だったりするが——気候への適応の結果である——それ以外の意味はない。気候が人間の皮膚を形成したのである。北に行けば行くほど髪の色は薄くなり、皮膚の色は白くなる。眼の色も同じだ。すべてが青白くなっていく。逆に南に行けば行くほどすべからく黒くなっていく。こうした防御のための色づけは気候条件の賜物である。私は人間が気候というものを完全に無視できるようになるとは思わない。むしろ、あなた自身が置かれた気候を、あなたの害にならないように、うまく使いこなしてこそなのではなかろうか。

請負業者

請負業者を選定するにあたって、その適性を判定する唯一の方法は、その業者が以前にやった仕事を注意深く見ることである。以前にやった仕事から、これからやる仕事は十分予測できるからだ。

ダンクマー・アドラー――私の元の所長――は常々こう言っていた。「建物の建て方を知っている悪党と、建て方を知らない正直者のどちらかを使わなければならないとしたら、悪党の方に仕事をやる」。そのこころは、「悪党は私が摘発できるからよい。でも、よい仕事というものを知らないやつから、どうやってよい仕事を引き出すことができるんだ?」ということだそうだ。シェークスピアの「雌豚の耳から絹の財布はできぬ」という言葉[77]を思い起こさせるではないか?

文法——芸術作品としての家

芸術作品としての価値がある家には、必ずそれ自身の文法がある。ここで言う「文法」とは、組み立てられるものすべてに——言葉を組み立てるものであろうと、石あるいは木を組み立てるものであろうと——あてはまるものだ。すなわち、全体の組み立てのなかに取り込まれている多様な要素、それらの間に成立している形態的関係のことだ。家の「文法」とは、あらゆる部分の明確な分節である。これがその家が使う「話し言葉」になる。これを達成するためには、その組み立てが文法に則ることが必要だ。

建物が用いる文法がどのようなものになるか、それを大きく左右するのが設計における感性の限界と、設計に盛り込もうとしている素材の選択（もちろん予算もそうだ）である。またそれは建設費の額によっても制限（あるいは拡大）される。予算はいわば自由の範囲を意味するのだ。選ばれた文法を壁、天井、家具などに適用していくと（最初は手当たり次第かも知れない）、そこから新たな発想が膨らんでいくようになる。あらゆるものが分節のなかで関係づけられ、全体と関係づけられる。すべてがすべてに属するようになり、全体がひとつのものに見えてくる。すべての部分が同じ言葉で語りはじめるからだ。もし建物の一部がチョクトー語を話し、ある部分はフランス語、あるいは英語、あるいは単なる戯言《ざれごと》を話しているようだったら、よく目にする建物——あまり美しくない建物ができあがり、そしてそこで終わる。このように、家に「文法」を適用するということは——それはその家が「語られ」「話される」その仕方を定めたということなのである。だから、芸術として理解されうる作品をつくるためには、一貫した文法をもって制作しなければならない。

　だから、文法の一貫性は、芸術家たる建築家の——しかも円熟に達した者だけが持つ——特性《プロパティ》である。芸術家たる建築家からこの特性を奪ったら、家を芸術作品として仕上げることなどまずできない。文法は、並みの家主や住人の持ちもの《プロパティ》ではない。しかし、家を設計する者は、設計において一貫した思想の言葉を語らなければならない。もしうまくいけば、それは彼自身の言葉となるのかも知れない。そうなるべきなのだ。もし自分自身の言葉がなかったら、それゆえ何の文法もなかったら、その代わりを探して使う羽目になる。どこかで見つけてきたか、偶然転がり込んできた言葉で話し出す。だがそれは、一種の戯言に終わるだけなのだ。

未来の建築家

ユーソニアン住宅に住みたいのなら、何よりもまずユーソニアン建築家のもとを訪ねることだ！　すなわち、一貫した有機的建築技法に精通した、たたきあげ《グラウンド・アップ》の建築家、それを自然のありかたとして過ごしてきた建築家のもとへである。彼はまだそれを頭でわかっているだけかもしれないが、しかし自らの経験を通じて彼の皮膚から染み入っていき、意識と魂を目覚めさせるはずだ（彼は直感的にそう言うだろう）。

私は、このことが誰かから**教えてもらえる**性質のものなのか、疑わしいと思っている。どこかの大学で学位と一緒に授けられるようなものではない。本だけで勉強できるものでもなく、ハーバード卒だからわかっているだろうと決めてかかるわけにもいかないのだ。ハーバードは堕落してしまったようだ。彼らは、個人の直感によるものよりも、委員会の審議に基づく作品を信用するようになってしまった。[78] しかし、私が確信しているのは、それがいかなる合意形成からもやってくるはずがないということだ。真の芸術作品は、直感として誘発されねばならず、「チームワーク」から誘発されたり着想されたりするはずがない。だから芸術は、共産主義《コミュニズム》、ファシズム、いかなる「イズム」からもやって来るはずがない。民主制《デモクラシー》の道を通ってゆっくりと成長してくるしかないものなのだ。

今の世代、すなわち、建物をよくするものは何で、悪くするものは何か、その区別を習ってしまった世代には、あまり希望が持てないのではないかと思っている。希

望はその次の世代、今高校の教室にいる世代にこそある。

だからこそ、真の美的価値を吸収できる感化力のある雰囲気のなかで子供を育てることが必要だ。建物を、建築という一種の行為として学ぶことが必要である。製図板の上でつくりあげられるものとして建築をとらえるだけでなく、そのすべての側面が学ばれなくてはならない。すなわち、建築を環境として、用いられる素材の本性として、自然の事物そのもの――その成り行きと成り立ち――に潜む形式と比例として学ぶことが必要だ。自然は偉大な教師である

DWELLING FOR MR AO

FRANK

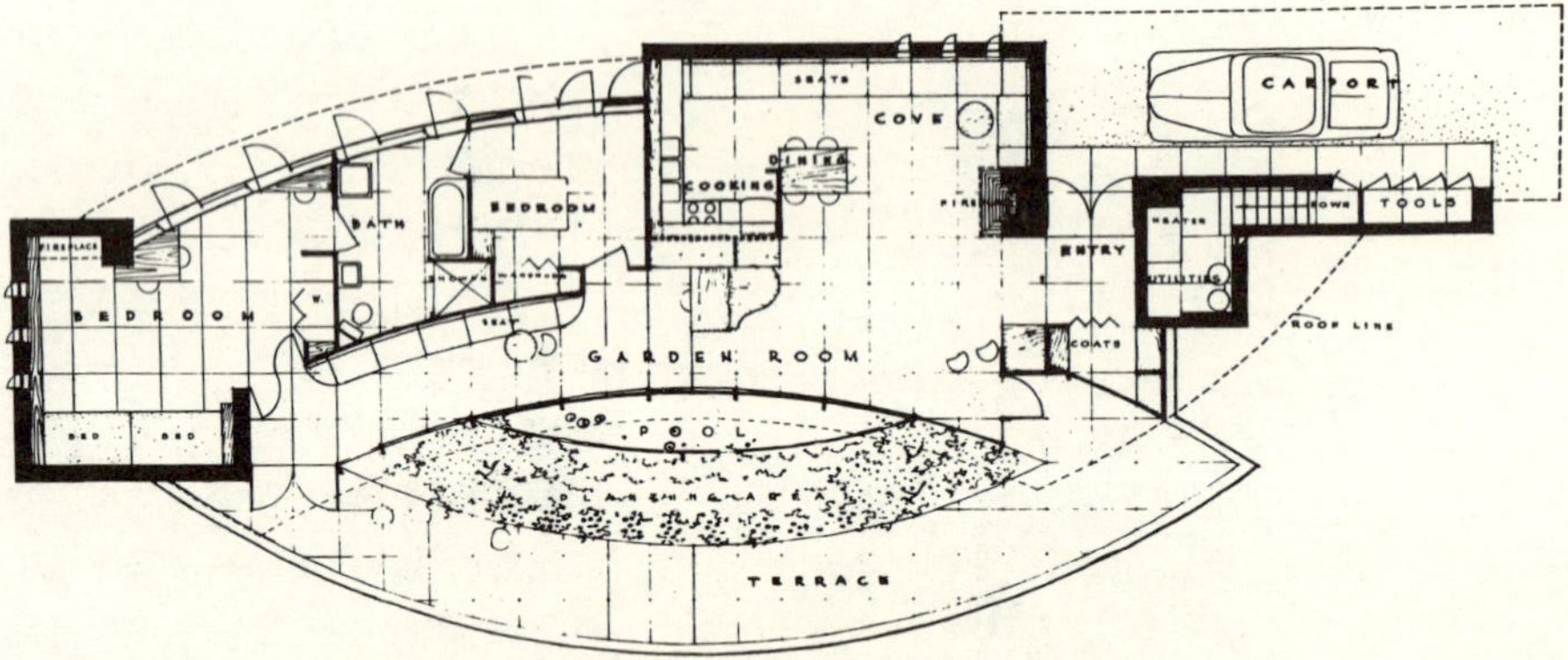

ケネス・ローレント邸、イリノイ州ロックフォード。1952年時点のコストは27,000ドル。

ローレント邸、イリノイ州ロックフォード。ガーデンルームが弧を描くテラスの先まで広がる。

――人のできることとは、せいぜいその教えをそのまま受け取り、それに反応すること だけなのだ。

単純であることは勇敢なことである

有機的建築の本質的特性のひとつは、その自然な単純さである。それは納屋の横っ腹にあいた扉のような単純さとは違う。確かに簡素であることは単純性のひとつのあり方ではあるが、私の言っているのは別のものだ。単純性とは、そのものの本性のなかにある本質的特質の直截かつ明快な表現である。だから、あらゆる形に潜む自然で有機的なパターンは、真の単純なる形式である。花を品種改良することは単純性に反することである。同じことが人間の生活、人間それ自体にもあてはまるだろう。

今日、私たちが暮らし生きていくなかで、単純性――大文字で表記される特別な単純性――を理解することは難しくなっている。我々はもはやまったく単純ではないのだ。人間関係は単純ではないし、時代も場所も単純ではない。いまや人生は複雑な格闘になってしまった。いまや、単純であるということは勇敢なことなのだ。[79]単純になりたいと言うだけでも勇気がいる。それは、単純性という概念が本当は何を意味しているのかを問う、魂の仕事なのである。

こうした事柄の根本にまで辿り着こうとすれば、我々は必然的に魂のなかへと入っていく。頭で考えるだけでは足らない。我々は頭で考えられることを過大評価し過ぎている。だからこそ、この将来が危ぶまれる状況、混乱した危機的状況に立ち至ったのだ。我々は人間の魂を導く灯火《ともしび》となるはずのものを捨て去ってきた。馬鹿げたことだが、それを重要なものとも思わず、それに見合った関心も払わなくなっているのだ。

もしも、我々がこの困難を乗り越えることができたなら、その暁には、有機的と呼ぶこの建築こそが、真のアメリカ社会の存立基盤となるであろう。その基盤の上で、そしてその建築のなかで、市民ひとりひとりに自由が授けられる。個人の潜在的可能性を実現する自由——自分らしく、創造的で、自由な自己を実現する自由だ。

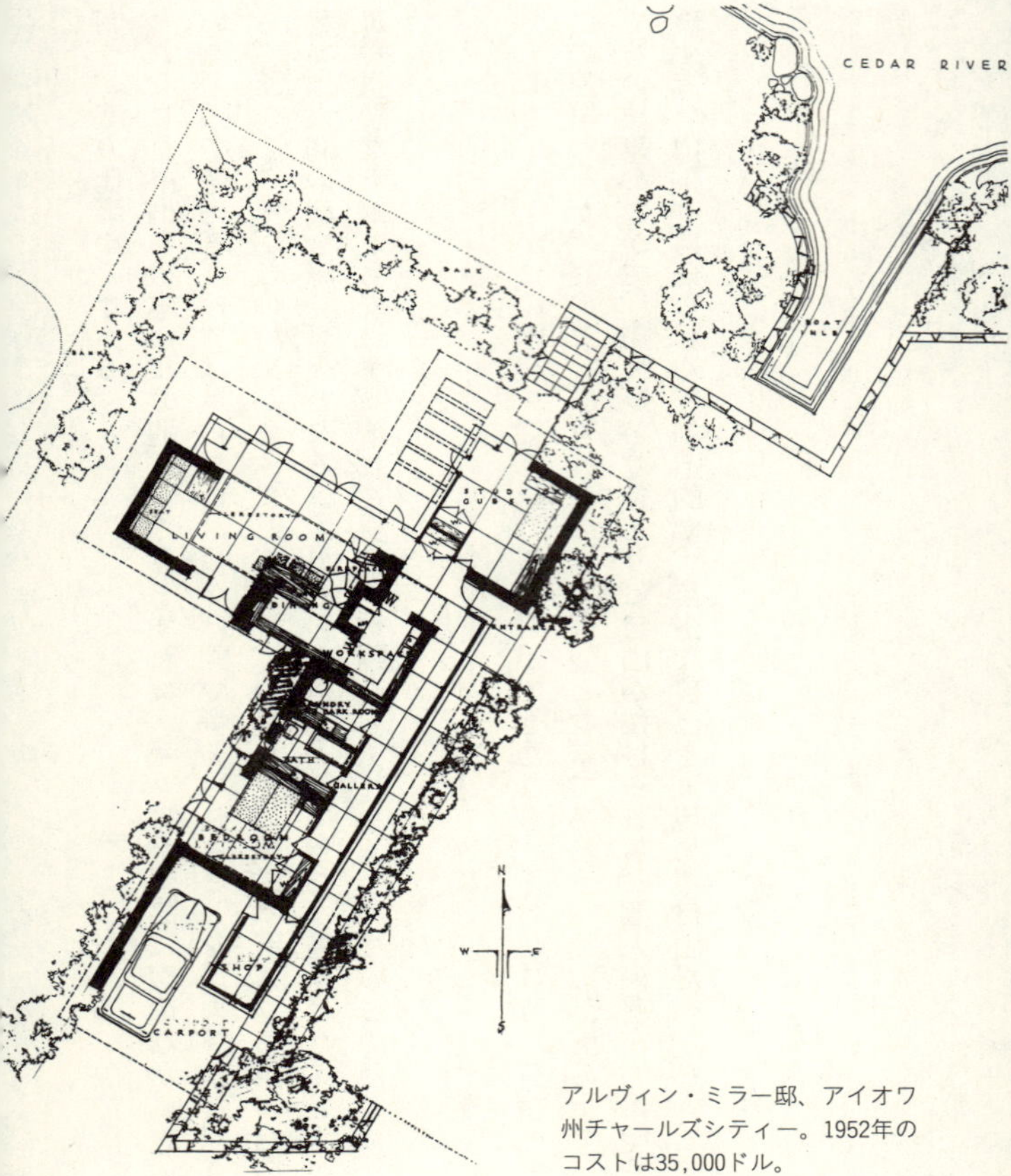

アルヴィン・ミラー邸、アイオワ州チャールズシティー。1952年のコストは35,000ドル。

ミラー邸とその庭園。河畔から居間を見る。

〔ミラー邸〕
客用の書斎の前にある深い格子棚の下から河を望む。

〔ミラー邸〕
北側を見る。ガラス戸越しに内部を見通したところ。左手に客用ウイング、右手に居間。

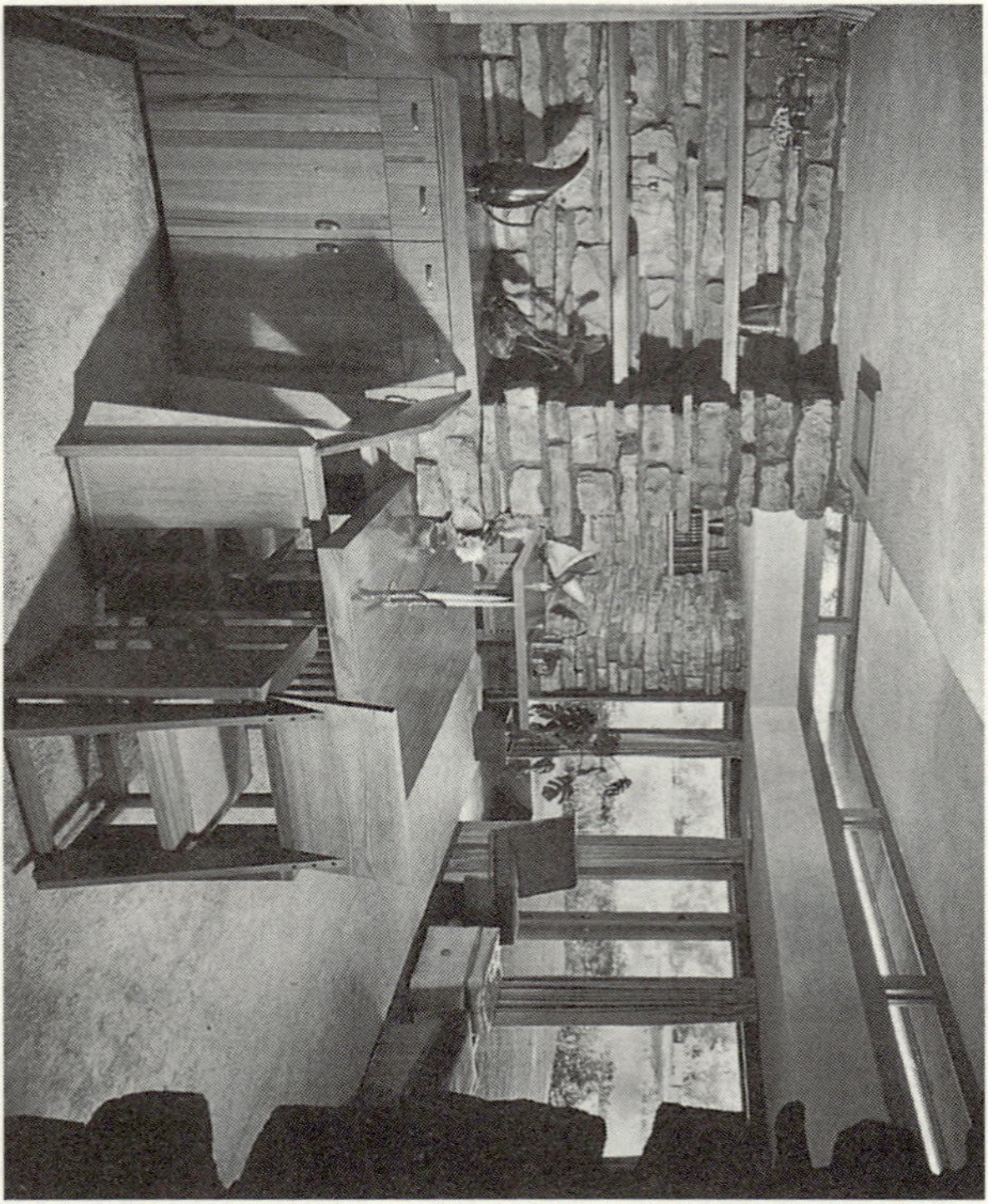

〔ミラー邸〕ワークスペースから見た居間。ガラス戸が河沿いのテラスへ、さらに河のながめへと開かれる。手前に見えるのはダイニング・キッチン。

(左の写真)〔ミラー邸〕入口からワークスペースへのながめ。畳まれた折戸スクリーンの向こうにワークスペースのキャビネット。内部の木製造作はセイヨウヒノキ。

(右の写真)〔ミラー邸〕暖炉付近から居間を見る。欄間窓から部屋中に拡散光が行きわたる。夏には換気窓としても利用する。カーペットは柔らかな金色。コンクリートの床も金色に着色され、ワックスがかけられている。

〔ミラー邸〕
北東に向かって玄関扉と客間の壁を見越したところ。奥にシーダー河畔のテラスが見える。

〔ミラー邸〕
前庭から南東側を見る。石積みは地元のライムストーン。セメント・プラスターのスクリーン壁が廊下に沿い、家を街路から区切る。陸屋根の軒先にセイヨウヒノキの帯が走る。

「ユーソニアン・オートマチック」

資金に限りのある若夫婦が、有機的建築の原則に則った家を建てるにはどうすればよいか、よく質問を受ける。資金に制限のない若夫婦などどこにいるというのだろう？我々の務めは、我が国の中流の上に位する家庭のために住宅を設計することであり、それは必然的に制限のなかで仕事をするということなのだ。我々の場合も、依頼主にはその階層が多い。決まって聞かれる質問は、「一万五〇〇〇ドルで家を建ててくれませんか？」、「二万五〇〇〇ドルで建ててくれますか？」、ある時は七万五〇〇〇ドル、またある時は二〇万ドルだ。

この間、ある人が二五万ドルの予算を持ってやってきた。私は何となくいやな感じがした。ふつう金持ちは、私のような根本主義《ラジカル》で鳴らす人間のところは避けて、どこか別のファッショナブルな建築家のところに行くものだ。何しろ、彼がどうしたって、私をファッショナブルにはできないのだから。

建設費を下げる

それでは、さらに資金や手段が限られている人々の場合はどうだろうか。果たして自由への解放を感じることができるのか、どうやったら真の建築にともなう自由の感覚を手に入れることができるのか。おそらく何らかの形で常に存在する問題だ。だが我々は、この種の問題について、かなりの経験を積んで来た。その解答が、自然なるコンクリートブロック住宅、我々が「ユーソニアン・オートマチック」[80]と名付けた住宅である。このユーソニアン住宅には、建設費を押し上げる原因のほとんど、なかでも人件費を不要とする新しい考え方がとり入れられている。コンクリートブロック住宅の初期のヴァージョン[81]は、一九二一年から二四年にかけてロサンゼルスに建てられ、さらにアリゾナ・ビルトモア・ホテルのコッテージ[82]でも採用された。その最初の作品が、パサデナのミラード邸[83]で、それからロサンゼルスのストーラー邸[84]およびフリーマン邸[85]、最後がエニス邸[86]である。最近建てたものでは、アリゾナ州フェニックスのエーデルマンのコッテージ[87]、ピーパーのコッテージ[88]がある。

資金に限りのある下士官兵《G・I》の身になってみれば、左官職にも、煉瓦積みにも、大工仕事にも、一日二九ドルもの日当を支払うことはできない（しかもこの額で仕事の質は保証できない）。低価格の家を建てるには、金のかかる熟練作業をできる限り排除することがどうしても必要なのだ。このためユーソニアン・オートマチック住宅では、躯体はプレキャスト・コンクリートのブロックをつなぎ合わせてつくる。ひとつのブロックは一×二フィート［約三〇×六〇センチメートル］あるいはそれより大きな寸法で、外周に溝が切ってある。この連結部に小径の鉄筋を水平・鉛直に入れて、積み上げていくのだ。ブロックの製造も積み上げ工事も、建築主が自分でできる。縦の鉄筋を上に突き出すように差し込み、溝にモルタルを流し込みながら、一段一段積んでいけばよい。

「ユーソニアン・オートマチック」の建設法

ユーソニアン・オートマチックは、形、パターン、適用部位についてあらゆる変調を受け入れる応用性の高い建設システムである。建設に使うブロックは現場でも製造でき

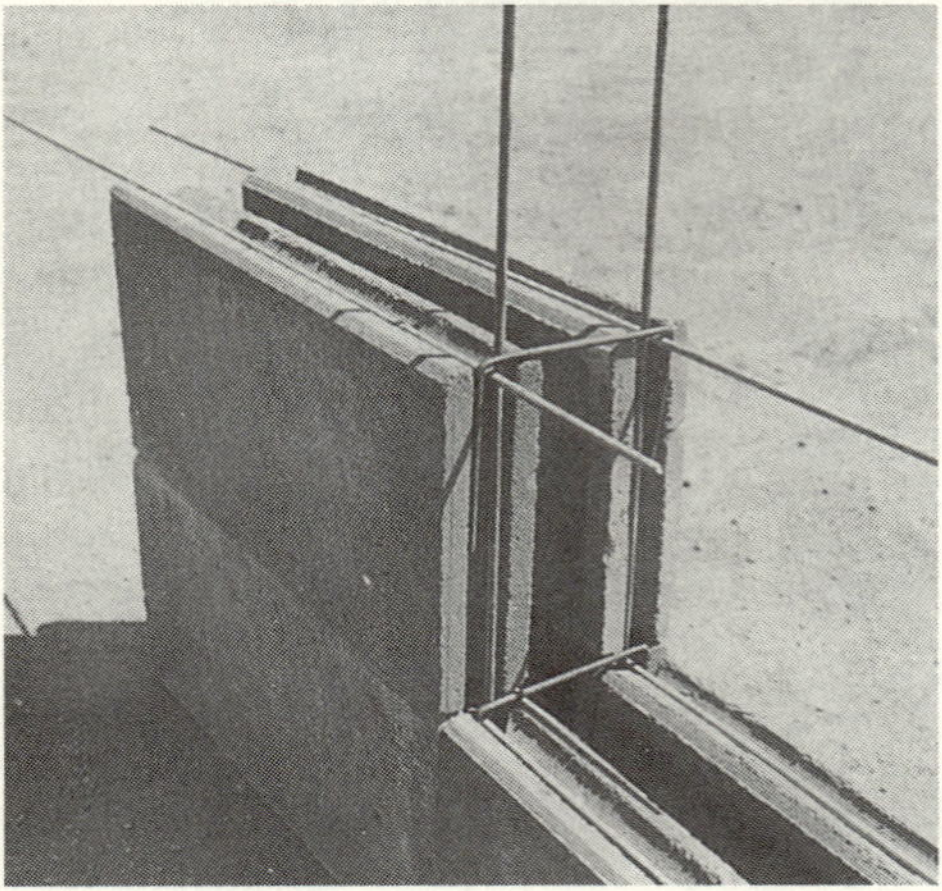

る。木や金属でできた型枠に、混ぜたコンクリートを流し込めばよい。型枠側が建物の表面になり（この面には模様をつけても良い）、反対側は壁の内側に隠れる。軽量化のため、裏面はふつう肉抜きする。

ブロックの四周には半円形断面の溝が（鉛直・水平に）走り、鉄筋が入るようになっている。ブロックを積むには、ブロック同士のエッジをぴったり合わせ、きちんと円筒形の空洞ができるようにする。そこに鉛筆ほどの太さの鉄筋をセットし、どろどろのポルトランドセメントのモルタルを詰める。

壁は**一重壁**（ブロック壁を一層だけ建てたもの）にも、**二重壁**にもできる。一重壁では肉抜き面を室内側に向けるが、二重壁の場合は肉抜き面同士を対向させて二層にする。あいだの隙間は断熱のための空気層になる。

通常の壁の積み上げ方は次の通り[89]。

a　差し筋と呼ばれる鉛直の鉄筋を、ブロック単位の間隔に合うように床スラブや基礎に打ち込んでおく。これがブロックの壁体を固定する役割を果たす。

b　差し筋の間にブロックをはめ込んでいく。ブロック連結部の円筒形の空洞に鉛直の鉄筋が入るようにする。

c　セメント一、砂二の割合で混ぜたモルタルを、連結部の鉛直の穴と水平の溝に流

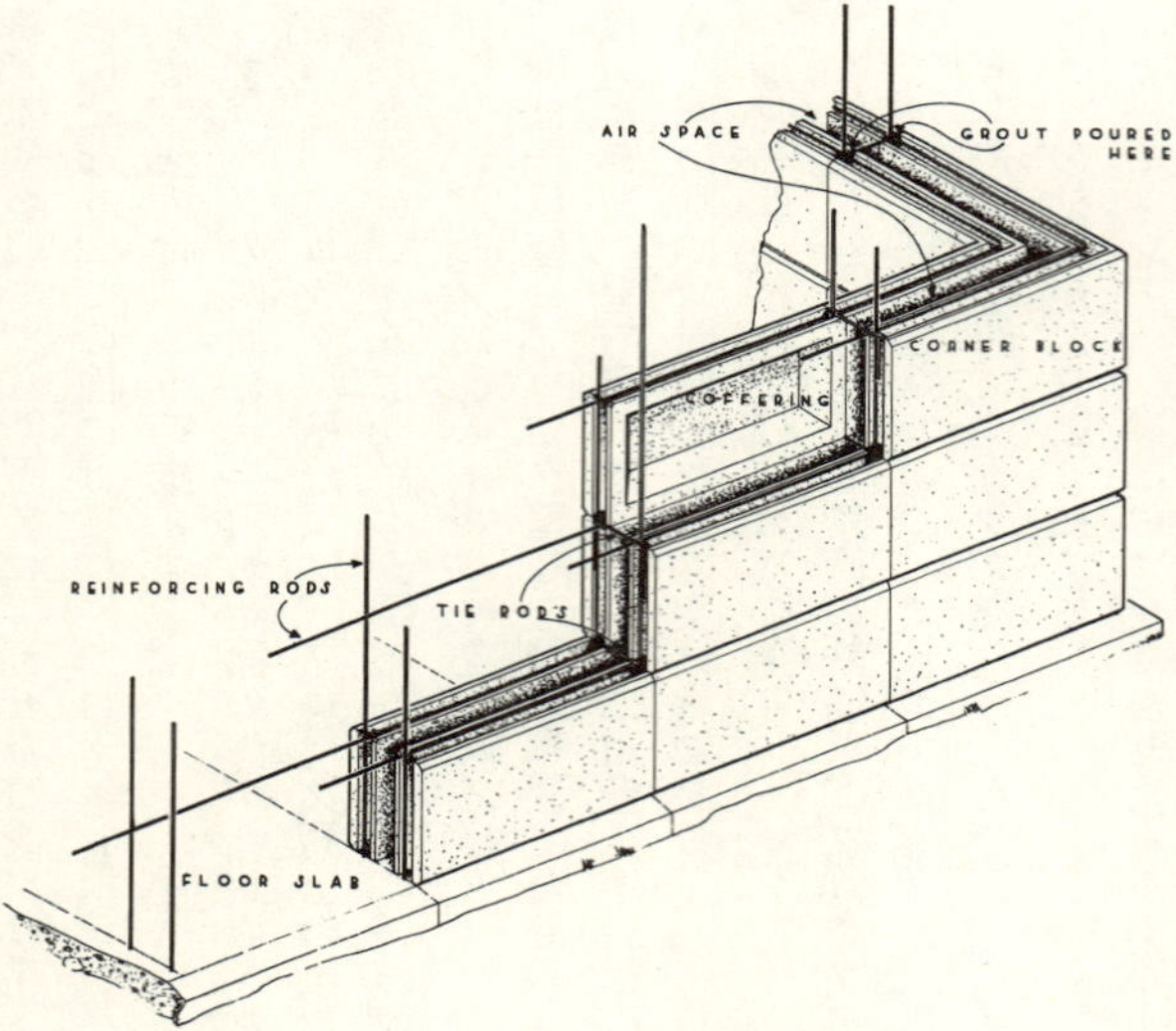

AIR SPACE 空気層
GROUT POURED HERE ここにモルタルを流し込む
CORNER BLOCK 役物ブロック
COFFERING 肉抜き
TIE RODS つなぎ筋
REINFORCING RODS 補強筋
FLOOR SLAB 床スラブ

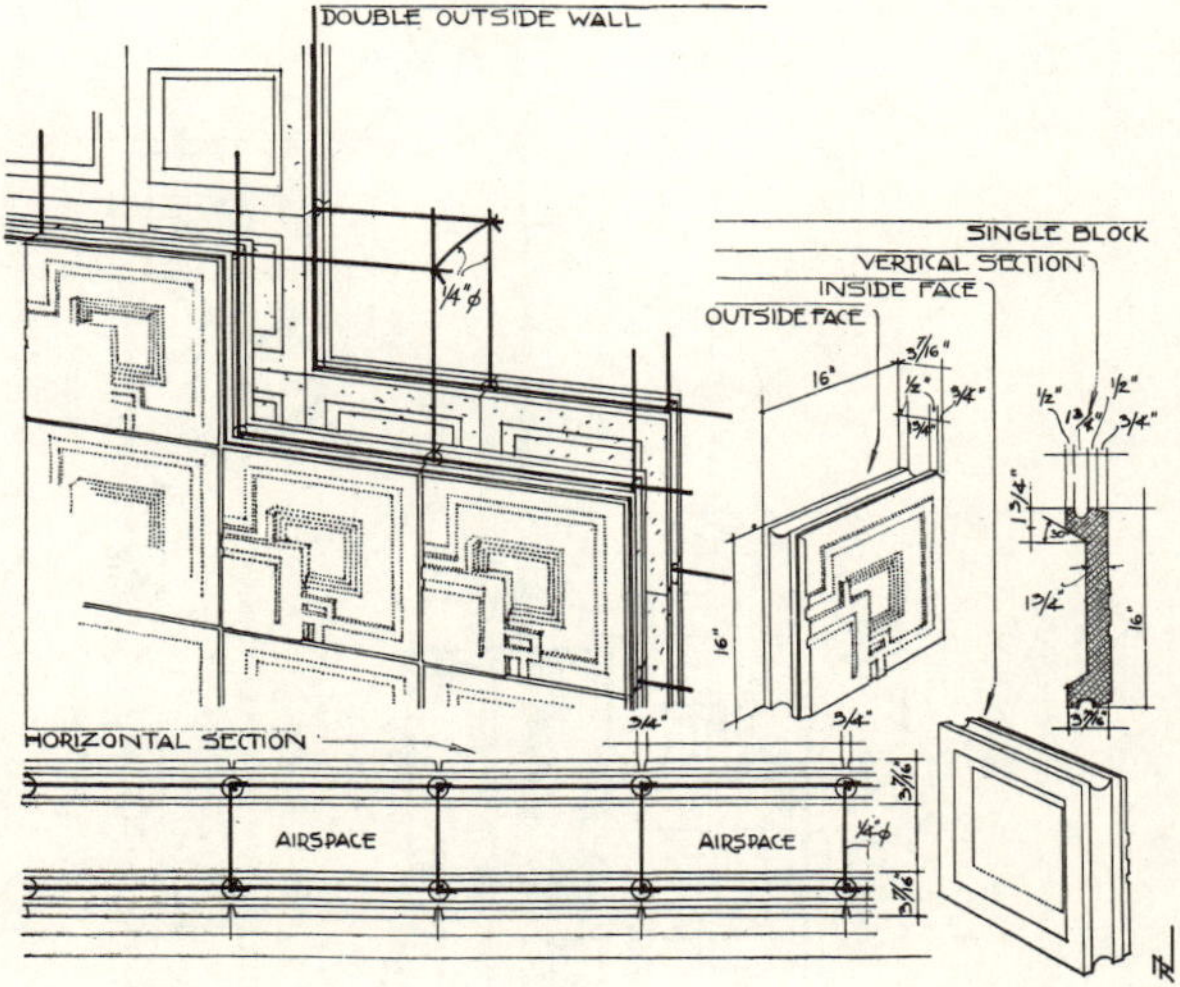

DOUBLE OUTSIDE WALL 二重壁の外側の壁
SINGLE BLOCK ブロック単体
VERTICAL SECTION 鉛直方向の断面
INSIDE FACE 内側の表面
OUTSIDE FACE 外側の表面
HORIZONTAL SECTION 水平方向の断面
AIR SPACE 空気層

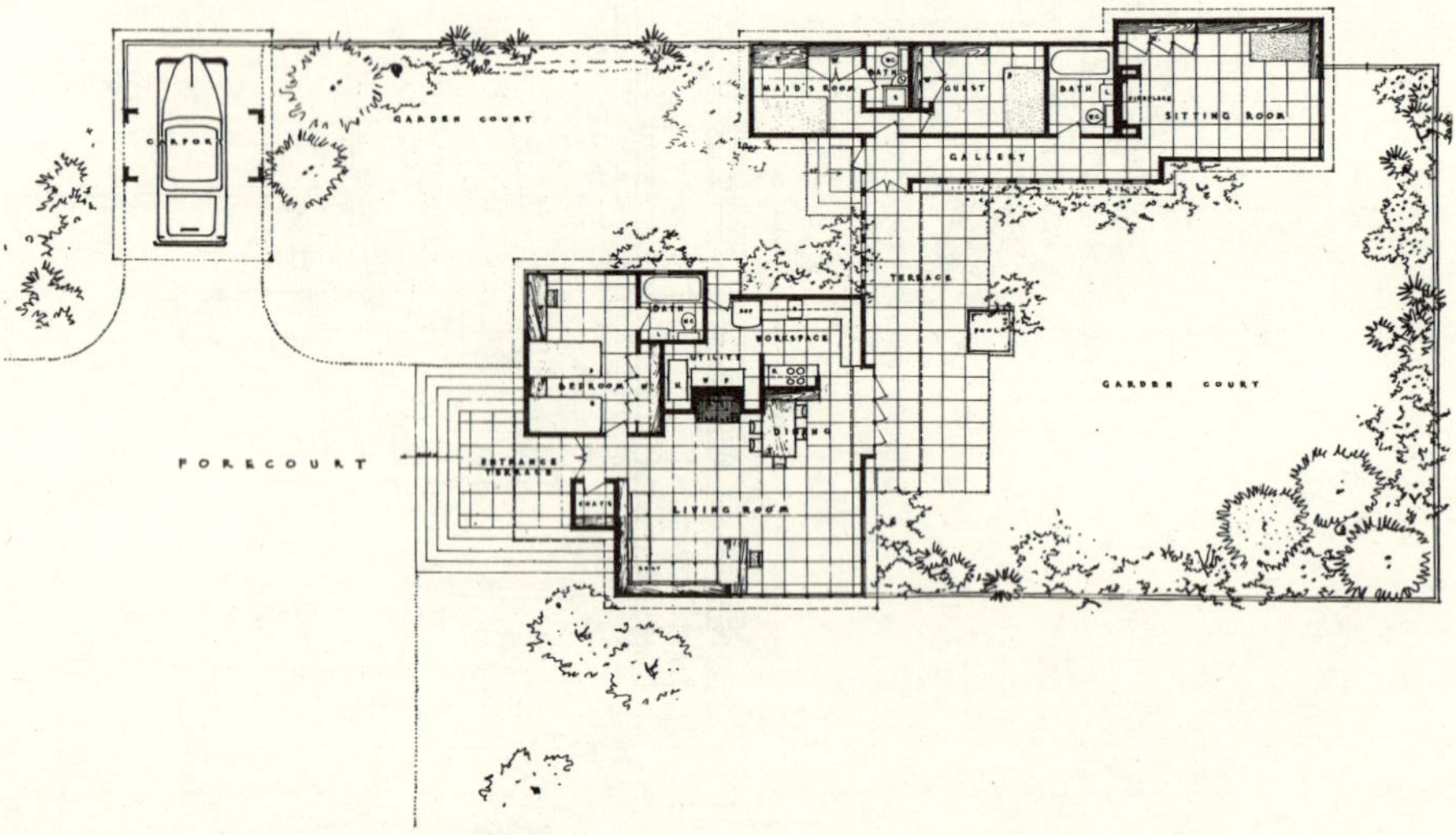

ベンジャミン・エーデルマン邸、アリゾナ州フェニックス。1953年のコストは25,000ドル。

し込む。すべての継目が緊結され、剛に一体化される。

d　さらに積み上げるときは、鉄筋を水平の溝に寝かせる。

e　設計が二重壁の場合は、亜鉛メッキを施した二重壁専用のU字形つなぎ《タイロッド》筋を表裏それぞれの連結部に差し込んで、ブロック壁同士を緊結する。

f　モルタルを流し込んだ溝の上に、次の段のブロックを積む。

g　次の段を積み終わったら、鉛直のジョイントに再びモルタルを流し込む。こうすると、先ほどの水平の連結部にもモルタルが行きわたる。あとは、この作業の繰り返しである。

ブロックのパターン、デザイン、サイズは

ユーソニアン・オートマチックの例──ベンジャミン・エーデルマン邸、アリゾナ州フェニックス。

様々に変更できる。うまく工夫すれば、ブロックにパターン状に穴を開け、ガラス（時には色ガラス）をはめ込んでおくことができる。この穴あきブロックを積み上げれば、コンクリート、鉄、そしてガラスでできた半透明の格子スクリーンができあがる。

隅の部分には特別の役物ブロックを使う。二重壁の場合には内側用と外側用の二種類が必要である。一軒の家を建てるには、ふつう九種類のブロックが必要になるが、ほとんどは同じ型枠を転用しながら製造できる。天井の場合も同じブロックを使って水平の天井・屋根スラブを打設する。鉄筋も同じものを使い、鉄筋コンクリートのスラブにする。その上にはルーフィングを敷込む。

「ユーソニアン・オートマチック」では、熟練作業はすべて不要になっている。給排水管、暖房設備、電気設備などが、すべてあらかじめ工場製作されているからだ。すべての設備システムは工場生産のパッケージ製品として現場にやってくる。ブロック建設の最中にいくつかの単純な接続を行なうだけで簡単に設置できる。

資金には恵まれていなくとも、何がしかの知性と自らの労働を元手にして、我らが民主主義のもとに生きる自由人たるにふさわしい、有機的建築の原則に沿った自然の家が手に入れられるようになった。この家は、私たちの社会の中でひとつの要素としてはたらき、自由な社会たるべき「住宅地」をつくり上げる建築的手段となる。すべて完璧に標準化されながらも、民主主義的な多様性の理念——個人の主体性——を確立しているからこそできることだ。本当の建築が生まれようとしている。このシステムに従うことは、個性を捨て去ることを意味しない。むしろそれによって想像力が発展し、各々の目的にかなった住まいを自由に建設できるのだ。実に多様な建物が融通無碍の柔軟性から生まれ出る。こうした建物が集まっても、決して優雅さや望むべき個性が失われることはない。

〔エーデルマン邸〕
食事室とその背後のワークスペース。居間より見る。右手のガラス戸は庭に通じる。

(下の写真) エーデルマン邸の中庭から北側を見る。左手に居間へのガラス戸。ガラスのはめられたコンクリートブロックのスクリーンが、廊下に沿って右手の客用ウイングへと連なる。

〔エーデルマン邸〕
客用ウイングの廊下の細部。奥に客用居間の入口が見える。

〔エーデルマン邸〕
庭の塀越しに北側を見る。左に居間、右に客用の居間。

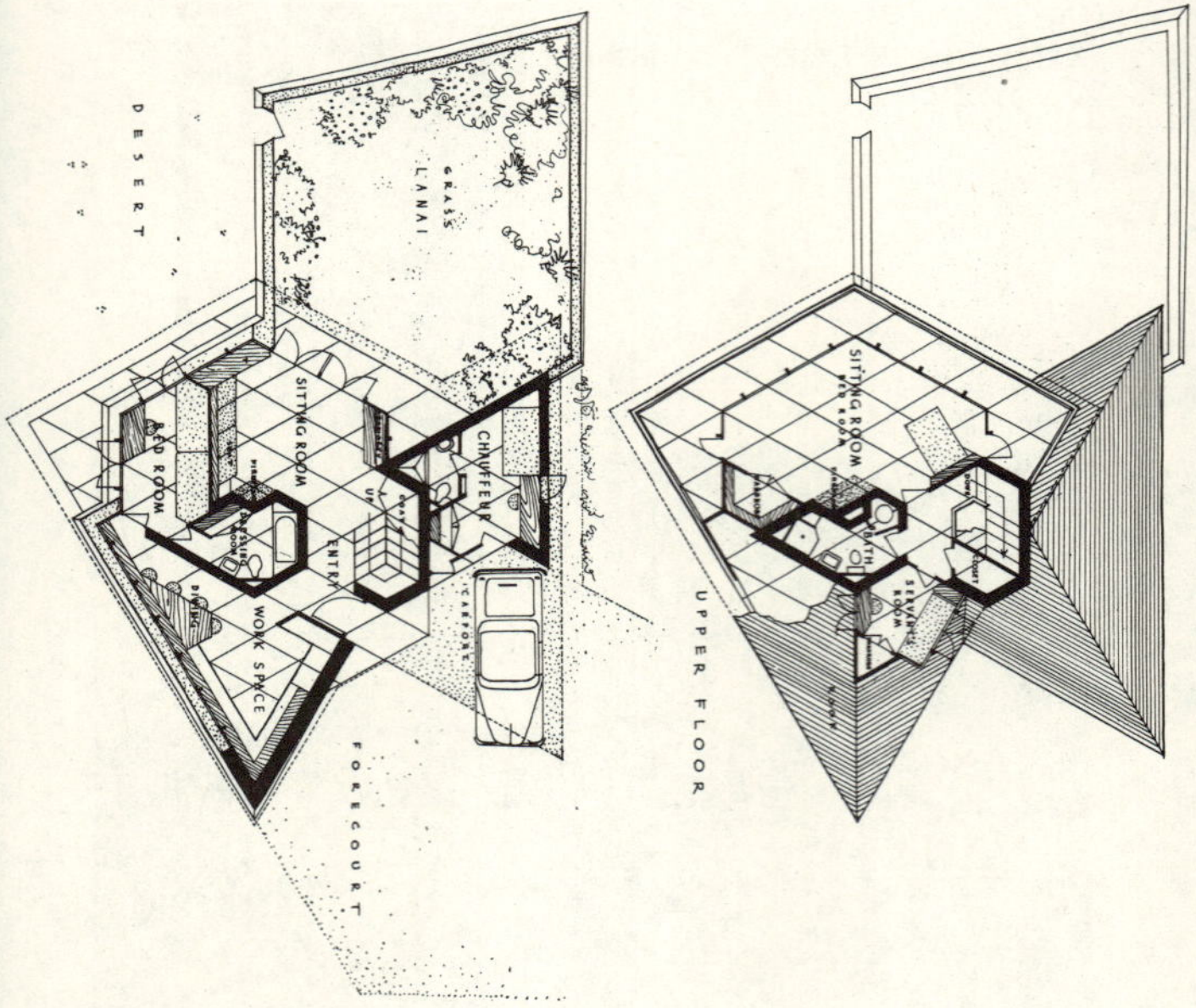

ジョルジン・ブーマー邸、アリゾナ州フェニックス。1953年のコストは24,000ドル。

ブーマー邸、アリゾナ州フェニックス。東側を見る。

〔ブーマー邸〕
北東側を見る。壁は、砂漠で取れる赤みを帯びた粗い石を、コンクリートに打ち込んだものである。

(下の写真)〔ブーマー邸〕北側を見る。居間のガラス面が山並みを反映する。

〔ブーマー邸〕
（上の写真）南西側を見る。食事室とワークスペースのパターン窓が見える。

〔ブーマー邸〕車寄せ。西から見る。運転手の居住区が大きな軒の出の下にある。

ブーマー邸、アリゾナ州フェニックス。南東側の外観。

有機的建築と東洋

日本の東京で帝国ホテルを建てたときのこと。私は、日本人の当時の姿――いわば、ようやく膝立ちしたばかりのところだった――と、彼らがかくあれかしと望む姿――すなわち、自らの足で独り立ちするということ――との間に、一貫した道筋をつけようとしていた。日本に入ってきたあらゆる文明は、その文化を蝕んだ。これは日本文化が、その国土そのものから成長してきた純粋さを備えていたからこそ起きたことだった。私は、ひとりのアメリカ人として、この尋常ならざる文化を前に、きちんと帽をとって敬意を示すだけの器量を備えた人間かどうか、まず試されることになった。同時に、耐震性を備えた近代建築をどのようにして建てればよいかという問題にも直面していた。

この建物は、まずもって天皇陛下《ミカド》のものだった。それゆえ、そのご用向きに対して、十分配慮を尽くす必要があった。すなわち、日本にとって必要欠くべからざるものとなった、公的社交場としての役割である。そのため帝国ホテルは、日本人の必要に応ずるだけでなく、外国人にとっても居心地のよい場所とならなければならなかった。

これが大きな問題だった――昼も夜もこのことが念頭を離れたことはなかった。さらに並んで、地震の危険だ。日本では地震計の針が静止していることはまずない。夜、地震が起きると、ベッドが身体の下で沈むような感じがして慌ててしまう。この結構なご忠告は、忘れようとしたって忘れられるはずがない。

お濠《ほり》を隔ててすぐ向こうには皇居があった。私は陛下おかかえの「建築家」（地位の高い建築職人）なのであり、陛下こそが依頼主とも言えるのだから、お濠を越えて皇居と一体となるような手法や手段を工夫しようと邁進した。自分では成功したと思っている。あの時点でできたことは、すべてあの作品に込められている。

もちろん私は、建物に土地の材料を使いたいと思っていた――東京の足下にある最もありふれた石材は、**大谷石**と呼ばれるもので、トラバーチンにいくぶん似ているが、焼け焦げたような茶色い大きな斑《ふ》が入っているものだ。これを使いたいと言ったら、建設委員会から大変な反対にあった。あまりにも当たり前だというのである。しかし、その材料がたいへん気に入ったので、最後には説得に成功して、「大谷石」を使って建てることになった。この石は大量に使うことができた——喜んでそうさせてもらった。日光の石切場をひとつまるごと買い取り、採れた石材を巨大な艀《はしけ》で敷地まで運んだ。

問題は、膝立ちの日本人が自らの足で立ち上がろうとするのを、どうやって支えるか、ということだった。この問題はまだ完全に解決されたわけではない。日本人が取り入れようとした外国のものは、その最も目立つところ、すなわち我々の最悪の部分だった。彼らは無様な高いテーブルについて、居心地の悪い思いをしていた。我々の体形に合う高い椅子に座ると、彼らの短い脚の爪先は、宙をさまようことになるのだった。まず最初にすべきことは、あらゆる寸法を彼らの人体尺度に合わせて低くすること、床に足がつき、椅子にきちんと座れるようにし、あごのすぐ下に食事の皿が来ないようにすることだった。そして、床の上に浮かんだベッドに寝させることにした。こうしてまず、すべての寸法が日本的になった。

次の問題は、彼らの文明水準の高さに見合った調和をどうやって生み出すか、ということだった。ものをたくさんつくっては身の回りに侍《はべ》らせるという我々流のやり方を通すのはやめ、すべてのものがあるべき場所にあるべき姿で納まるようにしていった。必要のないときは視界から消え去るようにして、生活空間に邪魔物がなくなるようにしたのだ。例えば、ドレッシング・テーブルはただの壁掛けの鏡になり、小さな可動のキャビネットが傍らの壁に沿って控えている、といった具合だ。部屋付きの椅子に座り、そばにキャビネットを寄せて、一緒に使えばよいのである。こうしたことすべては、日本人の気楽で自然な利用にかなうように、日本文化とできる限り調和した単純な姿をつくり出そうとした結果である。同時に、すべてのものが真の美的効果を発揮するようにすること、外国人が利用する際にあまりにも非実用的にならぬようにすることにも気を配った。

日本人は、家の中に水回りを設けなかった。彼らは「便所」と呼ぶ部分を、母屋《おもや》から独立させ、「鬼門」[90]の方角を避けて建てた。鬼門とは何か？　そちらから卓越した風が吹きよせる方角、だからそこを避けないと、便所の臭気が母屋のほうに吹き寄せられてしまうのだ。しかし帝国ホテルでは、この少々分離された水回りは、建物と有機的に一体になったトイレット・ルームへと変わった。水回りには床暖房が設置された。バスタブはタイルで仕上げて、床に埋め込んだ。タイルは小割りのガラスモザイクで、風呂から上がると背中に目地模様の跡がついている。まあ、たいした問題ではないだろう。

いずれにせよ、帝国ホテルでは、すべてがひとつのものとなり――なかにあるものすべてが互いに関係づけられて――有機的なものとなった。バスタブの上を走っている暖房パイプ、これが微熱を帯びると、乾燥タオルラックに早変わりする。タオルはすぐに乾いてしまう。このバスルームのしつらえは、見栄えもよく、近代的でもあった。何より物事の日本的な運び方をよく表していた。

彼らの物事の運び方は、どれも多かれ少なかれ有機的であった。日本の住宅は、これまで建てられたすべての建築のなかで、我らが有機的建築に最も近しいものである。彼らはすでに、すべてを適応させ合い、**共調させ合う**本能を持っていた。だからこそ、上に述べたようなすべてのものの共調を、帝国ホテルに持ち込もうとしたのだ。室内の暖房は、部屋の中央にある塔状の暖房機で行われる。手作りの銅製の塔の頂点には、照明器具が備えられ、天井に光を投げかける――間接照明だ。ベッドは直交するように並べられ、それらが囲む片隅に、小さなテーブルがいくつか控えている。これらが部屋の中を自由に行き来して、集中的でない伸びやかな様相を醸し出す――その有機的な様相もまた、彼らの伝統的な家のしつらえとよく似ていた。

最後に我々は、この建物が「外国人のお客様」に及ぼす影響はどうか、よく想像することにしていた。脳裏に浮かんだのは、山積みのトランクやバッグを抱えた腰の低い小柄のボーイを従えて入ってくる人々だ。ボーイは、実に済まなそうにお辞儀をして、部屋の設備一式がどうなっているのか、どう働くのか、どう操作すればいいのか、説明しようとしている。かたや「お客様」のほうは、部屋に入ってくるなり、きっと中央のテーブルセットを蹴っ飛ばし、「いったい、このいまいましいガラクタは何なんだ」とか、「電話はどこにある、電話は」とか、「こいつらを片付けちまうには、どうしたらいいんだ」とか言うはずだ。

そう、そういう人たちのために、すべての調度品には、それぞれ収納できるクロゼットがしつらえてある。すべてのものがそこにあり、かつすべてのものが収納される。だから彼らは戸惑うのだ。日本人のボーイはごく丁寧に、謙遜の態度を崩さず、調度すべてについて申し訳なさそうにするだろう。かたやアメリカ人の旅行者の態度たるや、すべからく「おい、説明してみろよ」、「じゃあこのガラクタは何なんだ」などといった言葉に象徴されるようなものなのだ。

哲学と行い

多くの人々が、私の作品の中に東洋的な特質を見出し、不思議に思ってきたようだ。思うに、我々が建築を語るときの言葉は、確かに西洋的というよりは東洋的な何かを語っているのだろう。だからご疑問に対しては、私の作品が、深い哲学的な意味において、**確かに東洋的なのだ**、とお答えするほかはない。これらの理想は、必ずしも東洋の人々にあまねく行きわたったものとは言えない。だが、例えば東洋には老子がいた。我々の社会は、道教の心性の深みを知らないまま現在に至っている。かたや東洋人は、その感覚を保ち続けているのであり、あらためて頭で考えるまでもなく、本能的にそのやり方で建物を建ててきたのである。彼らの本能は正しかった。だから有機的建築の福音は、西洋で表明されたいかなる思索よりも、東洋の思想とよく共振し、共鳴するのである。西洋は「西洋」として、こうしたことを知らないままに過ごし、また多くを知ろうともしてこなかった。古代ギリシアの哲学は、その域に——おそらく——最も近づいたのだが、それでも比肩し得るとは言えない。西洋文明の後半以降、イタリアやフランス、イギリス、そしてアメリカ合衆国は、強く——馬鹿馬鹿しいほど強く——ギリシア建築に傾倒した。西洋は、その土地にしっかりと根付いた有機的建築を、眼にすること叶《かな》わなかったのだ。インド、ペルシア、中国、日本の諸文明は、いずれも文化的霊感を育んだ共通の源泉——それは主として仏教、すなわち仏陀の教えにあらわされた——に基づき、そこから派生してきたものだ。だが、有機的建築に通底しているのは、その信仰上の原則というよりも、むしろ老子——中国の哲学者——の教えである。その事績を伝える史料がチベットに保存されている。しかし、私がこれらの哲学に意識を向けるようになったのは、自らの信念を得て、それを建物として建てはじめて以降のことだ。

西洋は依然として、何か独創的なものを個人の着想なしに獲得することを望み得ない。我々の文化は、東洋と呼び習わすところのものよりずっと後進なのであり、まだ大きく水をあけられているのだ。我々が今日頼っているほとんどすべてのもの、我々が創始したと思っているすべてのものが、このような古い始源を秘めている。まだ歴史の浅い我が国で、常に事情を悪くしているのは、アメリカ人自身が、自らの文化を——文化と呼ぶに値するならばだが——ヨーロッパの源泉から輸入して来るべきものと思い込んでいることにある。青草の生い茂る大平原からやって来た有機的建築の理念など、身近過ぎてありがたみもないのだ。だからその理念は、仕方なく外国で評価を得ながら、地球をひと巡りして、本国に「逆輸入」されることになった。その後、アメリカのあちこちで真似されはしたものの、その原則への理解の深さが、そもそも母国で行われた仕事に追いついたとは、まだ到底言えない。

しかしながら、有機的建築が東洋で生まれたとすることはできない。根本的な（それゆえ古代に遡り得る）理念を現実の効果に移し入れる上で、我々は、我々自身のやり方を持っているのである。老子がこの哲学を表明した我々の知る限り最初の人物であるにしても、おそらくその思想は彼を越えてさらに遡り得るのだろうし、彼自身、いや、いかなる東洋人も、それを建築の形に示し、建てたわけではないのだ。建物の真実が我々が住む空間にあるということ、我々自身を建物という囲いの中に閉じ込めてしまうべきではないという感覚、こうした有機的建築の理念は、単に東洋的であるばかりではない。個々の人間それ自身の統合性を謳《うた》う民主主義の理念には、言葉にはならなくとも、確かにその感覚が潜んでいる。老子の哲学的原則は、我らがイエス・キリストより遡ること五百年も前に表明されたものである。だが西洋世界では、有機的建築の実践によって、ようやく日の目を見たところだ。我々西洋人がここに達する以前に、智に恵まれた世界中の古い文明が、その静寂なる境地に辿り着いていたことは疑いない。

私は長い間、内部空間こそが建物の実体なのだという考えを、自分で「発見した」と信じてきた。だが後になって、それがはるか古代に、しかも東洋に遡るものだということを知ったのだ。私にとってみれば、この考えは、我がユニテリアン派[91]の祖先と、フレーベルの幼児教育[92]から、ごく自然に培われたものだ。内部の形と「もの」の姿の核心について深く根本的な感覚を与えた、まさに原体験であった。これらの素養が働きかけて、私をこの道に生きるように導いたのだろう——たぶん。本当のところは自分でもよくわからない。こうしたことすべてに高慢になっていた私は、あやうく自分のことを預言者とみなすところだった。オークパークにユニティ・テンプルを建て、バッファローにラーキン・ビルを建てたとき、私は、建物が人間の外にある囲いであるという建築のあり方に対して、最初の反抗の狼煙《のろし》をあげた。私は、こうした建物の古い習わしを、理念においても、実践においてもひっくり返して見せたのだった。

このことで得意の絶頂にあった私の手元に、岡倉天心[93]の「茶の本」[94]が送られてきた。駐米日本国大使が贈って下さったのだ。それを読んで私は次の一文に行き当たった。「ひとつの部屋の実体は、屋根と壁によって囲み取られた空間にこそ見出されるべきものであって、屋根や壁そのものに見出されるべきものではない」。

その一文に、私は自分自身を発見した。一人前のケーキになったとうぬぼれていながら、実はその生地にすら入れてもらえていなかったのだ。私はその小さな本を閉じ、道ばたの石でも蹴っ飛ばして、千々に乱れた気を取り直そうと表へ出た。私はまるで帆を垂れた船のようであった。これまで自分のことを、新たな思想を考え出す独創的な人間だと思ってきた——が、そうではなかったのだ。帆がまた風をはらむようになるまで、幾日もかかった。しかし、しばらくするうちにこう考えるようになった。「でも結局、誰が建てたのだ？　誰がその考えを建物に仕立てあげたのだ？　老子だって誰だって、それを建ててみようと考えた者はひとりもいないではないか」。こうして帆は再びはらみ始めた。自然に満ち足りた気持ちがわき起こった。「よし、そうならば、すべてよしだ。堂々と舳先を構え、高々と顔をあげて、まだ先へと進んでいける」。以来、私は

——顔を高々とあげて——前に進み続けている。

信条

私は信ずる。家は芸術作品となることによって、単なる住まいを超える存在となる。

私は信ずる。人間は、委員会の一員ではなく、自立した個人となることによって、単なるひとりの人間を超える存在となる。

以上二点に基づき、私は信ずる。民主主義は（困難なことではあるが）これまで知られた社会のあり方のなかで最も気高いものである。

私は信ずる。民主主義とは、我々の人間性が求める内なる貴族主義の新たなる形である。

私は信ずる。およそ成功とは、能力の発揮によって以上の真実を現実へと導くことにある。

私は信ずる。以上の真実を混乱と挫折に追い込む仲介屋が、いまやあちこちにはびこり、その場しのぎの行いに溺れている――ゆえにその誤謬が暴かれ、拒否されなければならない。

私は真実を信じ、それが我らの有機的なる造物主となることを信ずる。

フランク・ロイド・ライト

謝辞

初出一覧

第一章「有機的建築」は、一九三六年、ロンドン建築家ジャーナルに掲載されたものである。「新しい家を建てる」、「素材の本性のままに――その哲学」、「ユーソニアン住宅1」および同「2」は、一九四三年にダレル・スローン・アンド・ピアス社から発行されたフランク・ロイド・ライト「自伝」が初出である。

「ユーソニアン住宅について」は一九五三年に執筆された。

右を除くすべての章は、ライトが本書のために一九五四年に書き下ろしたものである。

写真撮影一覧

L・J・クネロ：115、117頁／デイヴィッド・ダヴィソン：195、220、223頁／デイヴィッド・ダッジ：209、255頁／P・E・ゲレロ：119、120、153、154、160、172、226頁／ヘンドリック・ブレッシング：101、102、103、104、105、106、137、185、186頁／ジャック・ハウ：201、237頁／ロバート・イマント：125、126、127頁／G・E・キッダー・スミス：145、146、147頁／ヘルマン・ロール：221頁／リーベンワース社：139頁／ヘレン・レヴィット：250頁／ジョン・ムンロー：138頁／マーク・ノイホーフ：241、242、243、244、245、246頁／エズラ・ストーラー：156、158、159、161、170、171、173、176頁／エドモンド・テスケ：174頁／L・

S・ウィリス：141頁

ユーソニアン展示住宅の建設には、次に掲げるタリアセンの学生たちが参加した。ジョン・デ・コーベン・ヒル、カーチス・ベシンガー、ケン・ロックハート、ジョン・ガイガー、ロビン・モルニー、ケリー・オリバー、エドモンド・サーマン、ジェームズ・フェファーコーン、ジョージ・トンプソン、ハーバート・デ・レヴィエ、デイヴィッド・ウィートレイ。

【図版リスト】（数字は掲載ページ）

注

1 〔訳注〕一八九三年は、シカゴ万国博覧会（World's Columbian Exposition, Chicago, IL, 1893-94）が開催され、新古典主義の白亜の殿堂がひしめくなか、Adler and Sullivan の交通館（Transportation Building）が異彩を放った年である。

2 〔訳注〕Adler and Sullivan Co.（1880-95）. シカゴにあったダンクマー・アドラーとルイス・サリヴァンのパートナーシップによる建築設計事務所。オフィスビルや鋼構造の摩天楼など、建築デザインの革新を主導した。Dankmar Adler（1844-1900）. ドイツ生まれのアメリカの建築技術者。Louis H. Sullivan（1856-1924）. アメリカの建築家。ライトの師。「機能主義」の考え方を建築に導入し、近代主義の普及に貢献するとともに、歴史的源泉によらない幾何学的な装飾形態の生成システムをつくりあげた。

3 〔訳注〕Dankmar Adler ; Louis H. Sullivan : Wainwright Building, St. Louis, MO, 1891.

4 〔訳注〕Dankmar Adler ; Louis H. Sullivan : Auditorium Building, Chicago, IL, 1889.

5 〔訳注〕Louis H. Sullivan ; Frank Lloyd Wright : Albert Sullivan House, Chicago, IL, 1892

を指すと思われる。アルバートはルイスの弟。ルイスはこの家に四年ほど住んだ。一九七〇年取り壊し。

6 〔訳注〕Louis H. Sullivan ; Frank Lloyd Wright : Charnley-Persky House, Chicago, IL, 1892.

7 〔訳注〕Dankmar Adler ; Louis H. Sullivan : Schiller Building, Chicago, IL, 1892. 一九六一年取り壊し。

8 〔訳注〕William H. Winslow（1857-1934）装飾金物の製造業者。ライトの独立第一作、ウィンスロー邸（Winslow House, River Forest, IL, 1894）の依頼主。アーツ・アンド・クラフツの影響のもと、ライトと共同で「美しき家」（The House Beautiful, 1896-97）という本を制作・印刷・製本した。

9 〔訳注〕原文は modernistic.「見かけだけ近代的なふりをした」「ことさら前衛をてらった」という揶揄が含まれているようである。本書中で modern「近代的」とは明確に区別されて用いられている。

10 〔訳注〕trim. 窓や扉の周囲を回る額縁や、天井と壁の境をめぐる回り縁などの総称。

11 〔訳注〕Queen Anne. 一九世紀後期にアメリカで隆盛を見せた建築および家具装飾の様式。アン女王治世（1702-14）のころのモチーフを用いた復興折衷である。イギリスの建築家 Richard Norman Shaw（1831-1912）の影響が大きい。非対称の立体構成と急勾配の切妻の突出、林立する尖塔の付加により、鉛直性基調の複雑な外観を呈する。

12 〔訳注〕order. 古代ギリシア・ローマに端を発する古典主義建築の根本的造形秩序のこと。五種の柱梁様式と各部寸法間の比例則からなる。

13 〔訳注〕parlor. 一九世紀後半に流行した客向けの応接間。家の中の社交空間として入念にしつらえられることが一般的であった。二〇世紀に入り、居間（living room）に取って代わられた。

14 〔訳注〕stream line. 一九三〇年代に、機関車、自動車など工業デザインの分野を中心として隆盛を見せたデザイン上の特徴。束になって水平に連続する平行線や、涙滴状の輪郭など、空気の流れを感じさせるような連続した線や面が特徴的。

15 〔訳注〕これらの括弧書きの人名は、明らかに各種建築モチーフに囚われることに対する揶揄を含んだ冗談。原文はそれぞれ、Mrs. Gablemore, Mrs. Plasterbuilt, Miss Flattop.

16 〔訳注〕原文は plasticity. サリヴァンおよびライトの用語。建築形態そのものに内在する成長力によって生成・展開する立体的造形の性格を指す。

17 〔原注〕ルイス・サリヴァンを指す。〔訳注〕原文はドイツ語 Lieber Meister.

18 〔訳注〕原文は continuity. ライトの用語。建築要素を個々別々のものとして無造作に区切らず、輪郭を越えて連続させ延伸させることによって生ずる建築形態の性格を指す。

19 〔訳注〕原文は the third dimension. 平面を組み合わせてできる形とは違った、深みや奥行き感のある一体的な建築形態の性格を指す。

20 〔訳注〕International Style を指す。国際的近代建築運動の諸作品を包括する様式名。ニューヨーク近代美術館主催の展覧会 “Modern Architecture : International Exhibition”（1932）開催の折、館長 Alfred H. Barr Jr.（1902-1981）がカタログの題名として考案して以降、普及した。Henry Russell Hitchcock ; Philip Johnson : The International Style, W. W. Norton, 1997.

21 〔訳注〕Form follows Function. この言葉は、アメリカの彫刻家 Horatio Greenough（1805-52）

が、小論 American Architecture (1843) に記したのが初出とされる。しかし、この言葉をあまねく建築界に知らしめ、いわゆる機能主義のスローガンとしたのは、サリヴァンの功績である。Louis H. Sullivan: "The Tall Office Building Artistically Considered" (1896). Louis H. Sullivan: Kindergarten Chats and Other Writings, New ed., Dover, 1980 所収。

22 〔訳注〕原文は引用符つきで "The book of creation". 一般的にユダヤ教神秘思想の教典のひとつ、Sefer Yetzirah の英訳書名として使われる。本文の内容から見る限り、単に引き合いとして言及されただけで、重要な関連はないようである。

23 〔訳注〕George Erle Beggs (1883-1939) プリンストン大学教授、土木工学。Golden Gate Bridge (1937) の塔の設計コンサルタントなどを務めた。

24 〔訳注〕"The Art and Craft of the Machine," 1901, rev., 1930. Lewis Mumford ed.: "Roots of Contemporary American Architecture: A Series of Thirty-Seven Essays from the Mid-Nineteenth Century to the Present," New York, Reinhold Publishing, 1952 所収。

25 〔訳注〕Hull House. Jane Addams (1860-1935) とEllen Gates Starr (1859-1940) が一八八九年にシカゴに設立したアメリカ初のセツルメント施設。

26 〔訳注〕Charles Robert Ashbee (1863-1942) アーツ・アンド・クラフツの運動家。

27 〔訳注〕Kuno Francke (1855-1931) 歴史家、ハーバード大学教授。ドイツ文芸思想を講じた。

28 〔訳注〕「フランス在住のスイス人」は明らかに Le Corbusier (本名: Charles Edouard Jeanneret, 1887-1965) を、「初等幾何学の美」は彼が称揚した「純粋立体」を指す。

29 〔訳注〕Larkin Administration Building, Buffalo, NY, 1904. 一九五〇年取り壊し。

30 〔訳注〕“In the Cause of Architecture,” The Architectural Record, 1908.3.

31 〔訳注〕Midway Gardens, Chicago, IL, 1913-14. 一九二九年取り壊し。

32 〔訳注〕Unity Temple, Oak Park, IL, 1905-08.

33 〔訳注〕明らかにLe Corbusierの「建築をめざして」(Vers une Architecture, 1923) に対する参照。同書には、商船、飛行機、自動車の礼賛が含まれている。

34 〔訳注〕(Victorian) Dress Reform. 一九世紀後半に行われた、服装を合理的で快適なものに改革しようとする運動。rational dress movement とも言う。

35 〔訳注〕Roycroft-Stickley-Mission style. アメリカのアーツ・アンド・クラフツ運動が作り出した様式。ロイクロフトは、一八九五年にニューヨーク州バッファロー近郊に設立された工芸家の共同体の名称。スティックリーは、家具工芸家・建築家 Gustav Stickley (1858-1942) の名にちなむ。

36 〔訳注〕重要な言葉と考えるので原文を示す。“To think is to deal in simples”.

37 〔訳注〕新約聖書、マタイの福音書 6：28, ルカの福音書 12：27.

38 〔訳注〕原文は引用符つきで、“live its own life according to Man's Nature”. いかにも超越主義の文献からの引用を思わせる章句であるが、引用元が発見できない。

39 〔訳注〕いずれも初期のプレイリー住宅作品の名称。Arthur Heurtley House, Oak Park, IL, 1902；Darwin D. Martin House, Buffalo, NY, 1903-05；William R. Heath House, Buffalo, NY, 1904-05；Frank W. Thomas House, Oak Park, IL, 1901；F. F. Tomek House, Riverside, IL, 1904；Avery Coonley House, Riverside, IL, 1907.

40 〔訳注〕関東大震災のこと。一九二二年は原著の誤り。正しくは、一九二三年（九月一日）。

41 〔訳注〕確証はないが、南部アメリカ連合国大統領夫人、Varina Davies（1826-1906）を指しているのではないかと推測する。

42 〔訳注〕原文は Laotse. 老子（BC604?-BC531?）中国、春秋戦国時代の思想家。道家の開祖。宇宙の本体である道を掲げ、現象の相対性に対する絶対性を与え、無為・自然に帰すことを説いた。

43 〔訳注〕原文の人名表記は Ong Giao Ki. だがこのスペルは、中国語の通常のローマ字表記法からまったく逸脱している。おそらくライトは、Dwight Goddard; Henri Borel: Laotsu's Tao and Wu Wei（老子の道と無為）, 1919 をもとにして、この部分を書いていると思われる。同書は、前半の Dwight Goddard（1861-1939, アメリカの著作家、仏教、道教などの紹介者）による老子道徳経の英訳と、後半の Henri Borel（1869-1933, オランダのジャーナリスト、著作家）による老子哲学のエッセイからなっている。Borel のエッセイは、各種文献からの自由な引用・再構成によるコラージュとも言うべきものである。ここでライトが参照していると思われるのは、Borel のエッセイのうち、Art と題された章である。その注には、“Poetry is the sound of heart” という文が、Ong Giao Ki が編集した唐詩選集の序文を出典として Borel が翻訳したものであること、Ong が一八世紀前半の人物であることが記されている。

これらの手がかりから、Ong Giao Ki が誰であるのかを探ったが、確実な答えは見つけられなかった。Borel のエッセイ自体が創作に近いものであること、それが元々オランダ語で書かれ、英語に重訳されたもののようであることから、“Poetry is the sound of heart” という文自体が、原典をどれだけ忠実に反映しているか疑問が残る。また、Ong Giao Ki のスペルの奇妙さもこのことに由来するように思う。

だが、一八世紀前半に世に出た唐詩選集のなかで特に有名なものに、王士禎（Wáng Shìzhēn, 1631-1734 中国清初の詩人、文学者）編の「唐賢三昧集」がある。その序文に“Poetry is the sound of heart”と一致する文は見あたらないものの、古典的詩論を引用しつつ、彼のいう詩論＝神韻説を展開している。以上のことから、訳者としては、Ong Giao Ki が「王士禎」である可能性が高いと判断し、それを訳文中に示しておくことにした。

なお、本章原文の初出は、ライトの An Autobiography（1943）であり、これには樋口清訳による邦訳書「自伝」が出版されている。同書では、Ong Giao Ki に黄宗羲（Huáng Zōngxī：1610-95 中国明末、清初の学者、思想家）があてられているが、Borel の注に示された原著者の生存年代とは一致しない。また、遠藤楽訳「ライトの住宅」では、原文のままローマ字で表記されている。

44 〔訳注〕St. Mark's Tower in the Bowerie, New York City, NY, 1929. 建設されず。

45 〔訳注〕John Augustus Roebling：Brooklyn Bridge, New York City, NY, 1883.

46 〔訳注〕楽音の持続時間を短くして、空白を挟むことにより、個々の音の区切りをはっきりさせる音楽奏法。

47 〔訳注〕マホメットの言葉。

48 〔訳注〕Ludwig van Beethoven（1770-1827）：交響曲第五番「運命」ハ短調、作品六七、1807.

49 〔訳注〕原文は造語、ornaphobia.

50 〔訳注〕原文は造語、ornamentia.

51 〔訳注〕Le Corbusier の「建築をめざして」(1923) の一節、「家は住むための機械である」の参照。

52 〔原注〕Usonia とは、合衆国に対してサミュエル・バトラーが与えた名称である。〔訳注〕Samuel Butler (1835-1902) イギリスの小説家、作家。ライトはしばしば、Usonia の語源をバトラーに帰しているが、原典は確認できないようである。確認されている初出は一九〇三年の James D. Law の文章である。James D. Law (1865-?) アメリカの作家。

53 〔訳注〕Sears-Roebuck. イリノイ州に本部がある百貨店の名。カタログ通信販売を得意とした。一八九三年会社設立。

54 〔訳注〕原文は provincial. 通常は「田舎の・田舎くさい」という意味だが、これを「都会風の・都会かぶれの」と反転させて使っているようである。次の段落にも同様の表現がある。

55 〔訳注〕断面二インチ×四インチ［約五センチ×一〇センチメートル］の規格材。転じて、この規格材を多用する木造枠組構法を指すこともある。

56 〔原注〕この記述はフランク・ロイド・ライトによって一九五四年に改訂されている。

57 〔訳注〕原文のまま。帝国ホテルの仕事にともなうライトの来日は、実際には一九一六年である。

58 〔訳注〕大倉喜八郎 (1837-1928) 実業家、大倉財閥の創設者。当時、帝国ホテルの取締役会長。男爵。

59 〔訳注〕朝鮮半島や中国北部の住居に見られるオンドルのこと。

60 〔訳注〕Nakoma Country Club, Madison, WI, 1923. 建設されず。

61 〔訳注〕S.C. Johnson and Son Administration Building, Racine, WI, 1936-39.

62 〔訳注〕"Art and Craft of the Machine"(1901)を指す。

63 〔訳注〕原文は、look the gift horse in the mouth. 直訳は「もらいものの馬の口を覗き込む」で、「対価も払わず手に入れたものなのに、あれこれ欠点を探す」という意味。馬の歯を見れば年齢が判断できることから。

64 〔訳注〕Robert Moses(1888-1981)ニューヨーク州の官吏。ニューヨーク市、ロングアイランドなどで、大規模な開発を指揮した。ライトの遠縁にあたる。

65 〔訳注〕聖書のMosesは古代イスラエルの指導者。スペルはすぐ前に登場するRobert Mosesの姓と同じ。下敷きになっているのは、旧約聖書の出エジプト記。

66 〔訳注〕Nash-Kelvinator Corporation. かつてのアメリカの自動車メーカー。一九五四年に合併してAmerican Motors Corporation(AMC)となる。当時ナッシュのブランドで、経済的な小型車を発売していた。

67 〔訳注〕原文はinsulation. この種の土塁壁は、正確には蓄熱壁heat storageと考えるべきであろう。ただし、蓄熱壁の熱容量が大きいと室内温度を安定化することができ、結果的に断熱と同様の効果がある。

68 〔訳注〕暗にフィリップ・ジョンソンのガラスの家やミース・ファン・デル・ローエのファンズワース邸について批判していると思われる。Philip Johnson: Glass House, New Canaan, CT, 1949. Philip Johnson(1906-2005)アメリカの建築家。Ludwig Mies van der Rohe: Farnsworth House, Plano, IL, 1950. Ludwig Mies van der Rohe(1886-1969)ドイツのちにアメリカの建築家、建築教育者。バウハウスの第三代校長、イリノイ工科大学建築学部教授。

69（訳注）原文は white-top（頭文字は小文字）。白色の屋根用コーティング材を指すと思われる。

70（訳注）原文はドイツ語 gemütlich.

71（訳注）カトリックの教会法では、幼児洗礼（七歳未満での洗礼）を受けた信徒の場合、七歳を堅信（自らの信仰を確かなものとして宣言すること）の年齢としている。これは物事を主体的に理解できる年齢に達したことを意味している。なお、現在、日本では、教会法施行細則により、一〇から一五歳を堅信の年齢としている。

72（訳注）「本末転倒」「見境のなさ」を意味するたとえ。

73（訳注）William Morris（1834-96）イギリスのデザイナー、著作家、アーツ・アンド・クラフツ運動の主導者。

74（訳注）暗にマルセル・ブロイヤーがバウハウスで開発した金属パイプと皮革を用いた椅子を批判していると思われる。Marcel Breuer（1902-81）ハンガリー生まれのアメリカの建築家、建築教育者。ハーバード大学デザイン大学院教授。

75（訳注）括弧内は、マザーグース、"Little Miss Muffet" の翻案引用。

76（訳注）原文は constitutional welfare. 直訳では「憲法上の生活権」ともなる。一種の言葉遊びと思われる。

77（訳注）「瓜のつるになすびはならぬ」とちょうど同じ意味。シェイクスピアの作というのは誤解のようで、Peter Pindar（本名：John Wolcot, 1738-1819）の作品に見えるが、比較的古いことわざのようである。

78（訳注）ここでライトは、暗にヴァルター・グロピウスの主張した各種デザイナーの協同（collaboration）について批判している。Walter Gropius（1883-1969）ドイツのちにアメリカの建築家、建築教育者。バウハウスの初代校長、ハーバード大学デザイン大学院教授。

79 〔訳注〕原文は valiant（勇敢な）。訳者は variant（様々な、異なった）という意味が重ねられているように思う。

80 〔訳注〕原文は Usonian Automatic. オートマチックの語は「自動的」というより「自分でつくることができる」という意味あいが強いと考えられる。なお、アメリカの主要自動車メーカーは一九四〇年代から五〇年代にかけてオートマチック・トランスミッション（自動変速機）の開発・実用化を推進しており、運転手を雇わず、自分で運転する生活様式が一般化しつつあった。

81 〔訳注〕いわゆる Textile Block Houses を指す。

82 〔訳注〕Albert Chase McArthur ; Frank Lloyd Wright : Arizona Bildmore Hotel, Phoenix, AZ, 1927. ライトはテキスタイル・ブロックの建設技法についてマッカーサーを指導した。

83 〔訳注〕Alice Millard House（La Miniatura）, Pasadena, CA, 1923.

84 〔訳注〕John Storer House, Hollywood, CA, 1923.

85 〔訳注〕Samuel Freeman House, Los Angeles, CA, 1923.

86 〔訳注〕Ennis-Brown House, Los Angeles, CA, 1924.

87 〔訳注〕Benjamin Adelman House, Paradise Valley, AZ, 1951.

88 〔訳注〕Arthur Pieper House, Phoenix, AZ, 1952.

89 〔訳注〕この建設技法は、主として耐震性能上の観点から、そのままでは現代日本での建設に適さないと考えられる。

90 〔訳注〕陰陽道で忌み嫌われる方角。北東の向き。

91 〔訳注〕ユニタリアンとも書く。三位一体を否定し、イエスの人間性を強調するキリスト教プロテスタントの一派。合理主義、自由主義的傾向が強い。アメリカにおける代表者に Ralph Waldo Emerson（1803-82）がいる。

92 〔訳注〕Friedrich Wilhelm August Fröbel（1782-1852）ドイツの教育者。幼児教育の祖。彼の開発した造形教育玩具は、フレーベルの恩物と呼ばれ、幼児期におけるライトの造形力の形成におおきく貢献したとされる。

93 〔訳注〕岡倉天心（本名：岡倉覚三、1863-1913）。明治の美術界の指導者のひとり。東京美術学校長、ボストン美術館東洋部長などを務めた。

94 〔訳注〕Kakuzo Okakura: The Book of Tea, New York, 1906.

1929	タリアセンの占有権を取り戻す。砂漠のキャンプ「オコティリャ」を建設し、**アリゾナでの依頼に取り組む。**
1930	プリンストン大学で連続講演。作品展が合衆国内を巡回（1931年には各国を巡回）。
1931	『近代建築：1930年カーン記念講演録』出版。
1932	ニューヨーク近代美術館の「近代建築──国際展」に出展。国際様式との確執が表面化。10月、建築学校タリアセン・フェローシップを開校。『自伝』、『消えゆく都市』出版。
1934	都市計画「ブロードエーカー・シティ」の模型の制作を始める。落水荘（カウフマン邸）の設計依頼。
1935	家族とフェローシップとともにアリゾナに移る。「ブロードエーカー・シティ」の模型が完成、合衆国各地で展示される。
1937	タリアセン・ウェスト、落水荘竣工。**合衆国で再評価。**ジェイコブス邸竣工。**ユーソニアン住宅を提唱。**
1938	アーキテクチュラル・フォーラム誌1月号でライト特集。1月、タイム誌の表紙にライトが登場。
1939	ジョンソン・ワックス本社ビル竣工。
1940	フランク・ロイド・ライト財団設立。ポープ邸、ピュー邸竣工。
1941	フレデリック・グートハイム編の「建築におけるフランク・ロイド・ライト」刊行。英国王立建築家協会（RIBA）から金牌授与。
1943	『自伝』を増補・改訂。NYグッゲンハイム美術館の設計依頼（竣工は没後の59年）。
1946	娘スヴェトラーナが自動車事故で死亡。
1948	1月、アーキテクチュラル・フォーラム誌が、2度目のライト特集。
1949	アメリカ建築家協会（AIA）から金牌授与。
1951	アーキテクチュラル・フォーラム誌1月号、3度目のライト特集。「生きる建築の60年」がフィラデルフィアで開幕、ヨーロッパ、アメリカの諸都市を巡回。
1952	火災によりヒルサイド・ホーム・スクールの劇場、食堂など大半が焼失。即座に再建。
1953	『建築の未来』出版。
1954	グッゲンハイム美術館の仕事のため、ニューヨークのプラザホテルに住まいと事務所を開設。『自然の家』出版。
1955	『ライトの建築論』出版。
1956	プライス・タワー竣工。実現した唯一の高層ビル。「1マイル高の摩天楼」計画案を発表。
1957	『ライトの遺言』出版。ABCテレビで、インタビューが放映される。
1958	初夏、軽い発作。夏の終わりに回復。『ライトの都市論』出版。
1959	4月9日、アリゾナ州フェニックスにて死去。

【フランク・ロイド・ライト年譜】

1867	6月8日、ウィスコンシン州リッチランドセンターに生まれる。
1886	ウィスコンシン大学土木工学部に入学。
1887	シカゴに移り、ジョセフ・ライマン・シルスビーのもとで働く。
1888	アドラー・アンド・サリヴァン事務所で働く。
1889	キャサリンと最初の結婚。自邸（ホーム・アンド・スタジオ）設計。
1893	アドラー・アンド・サリヴァン事務所を退職、シカゴで独立開業。ウィンスロー邸設計。**プレーリー住宅を提唱。**
1901	設計案「大平原の町の家」、「たくさんの部屋を持つ小さな家」を制作。
1905	初来日（初海外旅行）。
1908	「建築のために」をアーキテクチュラル・レコード誌に執筆。ロビー邸設計。
1909	施主の妻ママー・ボースウィック・チェニー夫人とヨーロッパに出奔。合衆国内で非難が高まる。
1910	作品集「フランク・ロイド・ライトの建築作品と計画案」をエルンスト・ヴァスムート社（ベルリン）から出版。ヨーロッパで広く名が知られる。合衆国に帰国。
1911	ヨーロッパ再訪。帰国後、ウィスコンシン州に**タリアセンを建設。**
1914	タリアセンの使用人がママーと子供2人のほか、7名を殺害。居住部分に放火。ミリアム・ノエルに出会う。タリアセン再建開始。
1915	東京に事務所を開設。日本滞在期（～22年）。
1916	帝国ホテルの設計。
1918	山邑邸設計。
1919	帝国ホテル着工。
1921	自由学園設計。
1922	合衆国へ帰国。キャサリンと離婚成立。
1923	帝国ホテル竣工、関東大震災の被害は軽微。ミリアムと再婚。**テキスタイル・ブロック住宅**をロサンゼルスおよび周辺地域に建設。
1924	ミリアムと別居。オルギヴァンナ・ラゾヴィッチ・ヒンゼンベルグと出会う。**設計依頼激減、不遇の時代が約10年続く。**
1925	タリアセン2度目の火事。居住部分が焼失。オルギヴァンナとの間に娘イオヴァンナ誕生。
1926	8月、銀行がタリアセンを差し押さえ。マン法違反で逮捕。
1927	ミリアムと離婚成立。
1928	銀行によりタリアセンから退去させられる。アリゾナ州フェニックスに滞在。オルギヴァンナと最後の結婚。

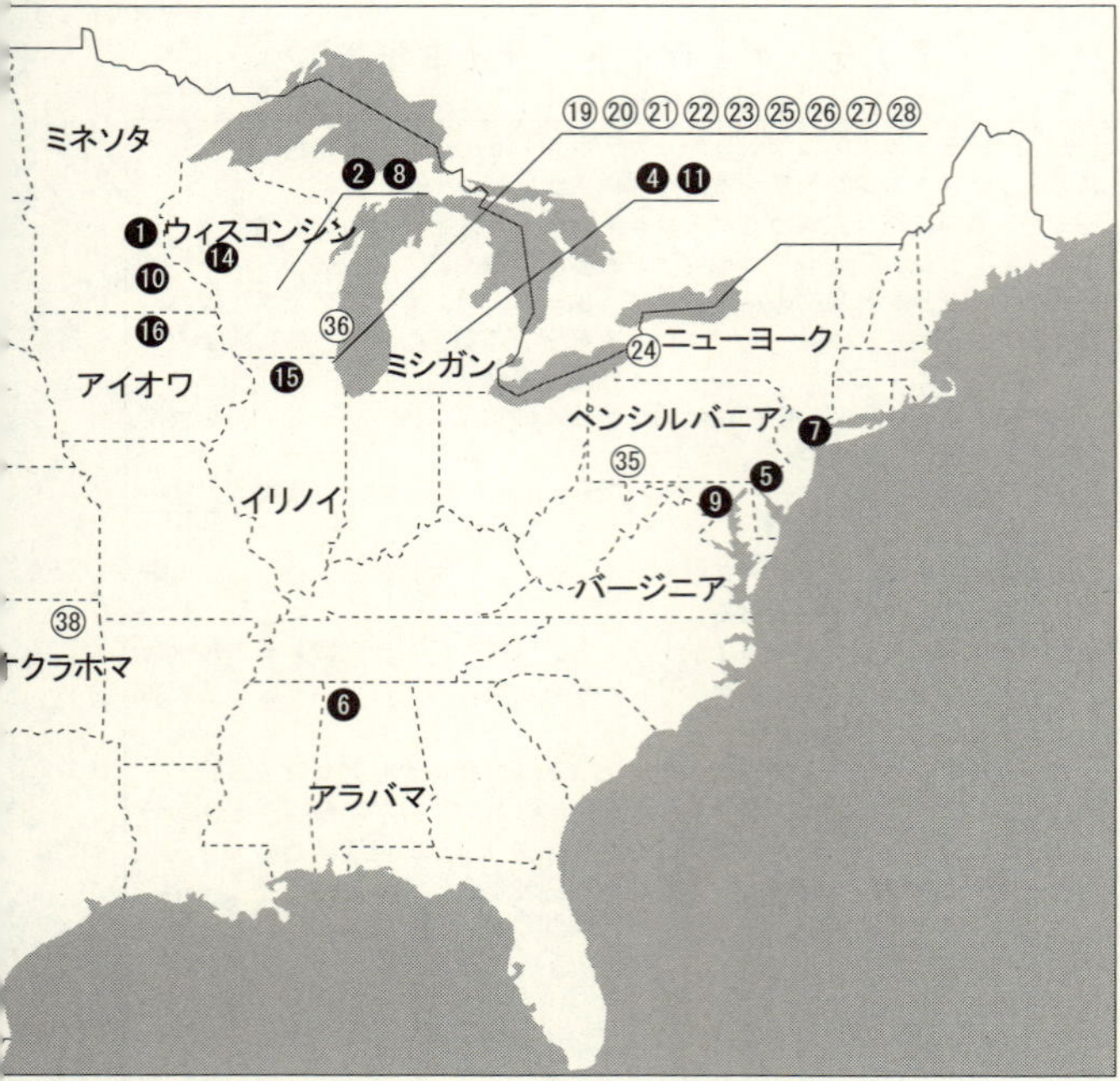

㉑トーマス邸 1901
㉒ウィリッツ邸 1901
㉓ハートレイ邸 1902
㉔ラーキン・ビル 1906
㉕ユニティ・テンプル 1907
㉖ロビー邸 1910
㉗クーンレイ邸 1909
㉘ミッドウェイ・ガーデンズ 1914
㉙ホリホック・ハウス 1921
㉚ミラード邸 1923
㉛ストーラー邸 1923
㉜フリーマン邸 1923
㉝エニス邸 1924
㉞アリゾナ・ビルトモア・ホテル 1929
㉟落水荘 1937
㊱ジョンソン・ワックス本社ビル 1939
㊲ピーパー邸 1952
㊳プライス・タワー 1956

【フランク・ロイド・ライト建築地図】

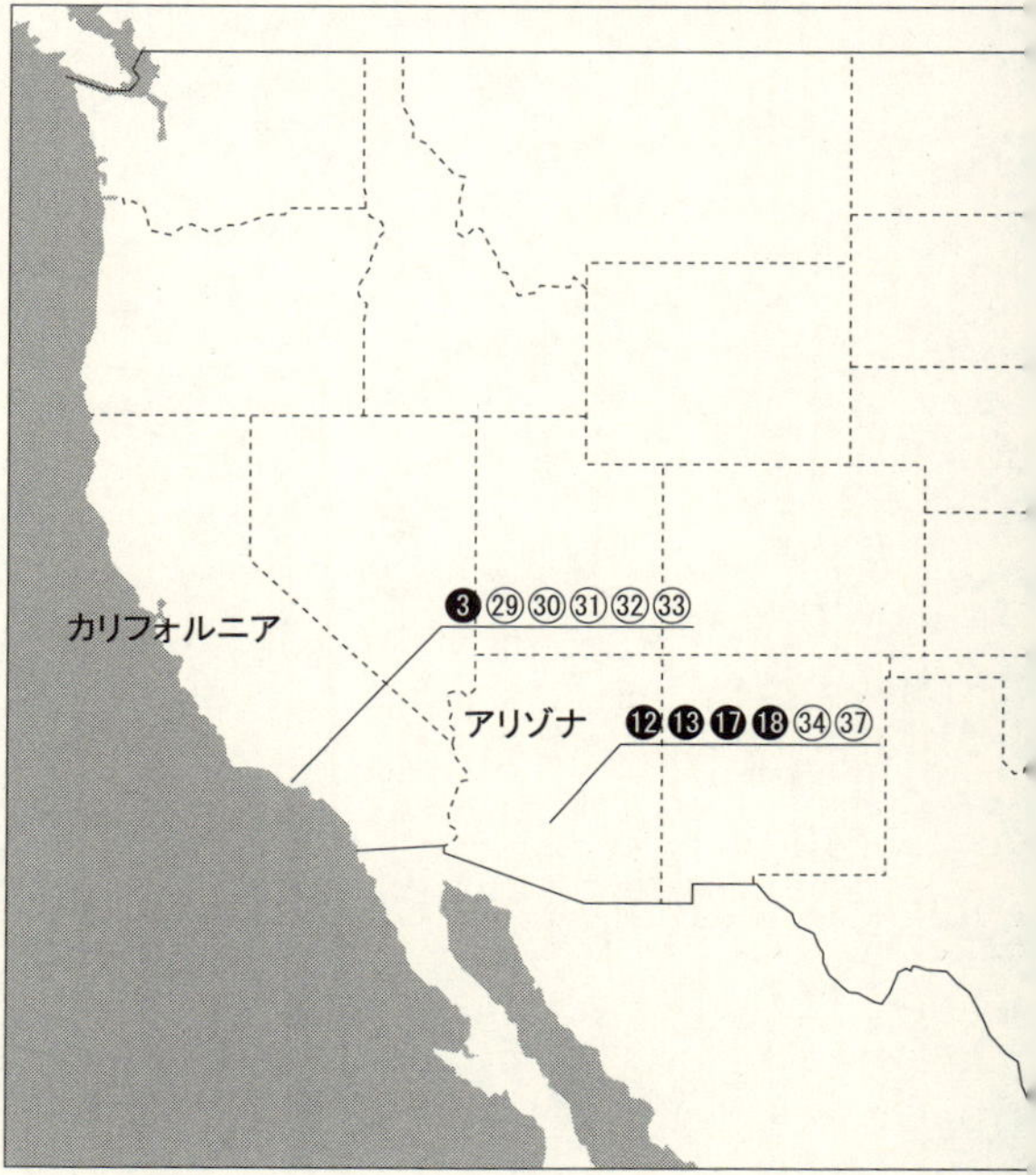

❶ウィレイ邸	1934	⓫ブラウナー邸	1948
❷ジェイコブス邸	1937	⓬カールソン邸	1950
❸スタージェス邸	1939	⓭タリアセン・ウエスト	1937
❹ウィンクラー邸	1939	⓮タリアセン・ノース(第3)	1925
❺サントップ・ホームズ	1939	⓯ローレント邸	1949
❻ローゼンバウム邸	1939	⓰ミラー邸	1946
❼ユーソニアン展示住宅	1953	⓱エーデルマン邸	1951
❽ピュー邸	1940	⓲ブーマー邸	1953
❾ポープ邸	1940	⑲ホーム・アンド・スタジオ	1889
❿キース邸	1951	⑳ウィンスロー邸	1894

訳者のノートから

ライトの建築――その造形と思想のありか

富岡　義人

　ライトの建築には魔力がある。まるで挑みかかってくるかのような濃密な個性。見る者は、その魅力に思わず引き込まれ、あるいは逆に、近づき難さを感じてたたずむ。そういったところがライトの建築には確かにある。

　フランク・ロイド・ライトは、近代建築の巨匠のひとりとして漏れることなく数えられる人物である。その業績は、近代建築の幾何学的かつ空間的な造形の基本をつくりあげたル・コルビュジエ、交錯する面によって人々の流動を造形したミース・ファン・デル・ローエ、そして古典的な中心性を復興させ近代建築に刷新をもたらしたルイス・カーンの業績と並び称される。

だが、こうした名声とはうらはらに、その建築は「異端」ないし「亜流」、あるいはそこまで言わなくとも「ライト独特の」というカギ括弧でくくられたものであり続けた。近代建築のなかに――今に至るまで――澱のように残った異物。ある人々にとっては、近代が忘れ去ってしまった人間性への輝かしい福音と見え、またある人々にとっては、おいそれとは近づきがたいロマンティックな禁域に見える。

熱烈なる憧れと平然たる無視。一見まったく対照的な態度に映るが、ライトを近代建築のなかに正しく位置づけ、その全貌を統合的に把握することから遠ざかるという点では同じことだ。作品が優れていればいるほど、私たちはそれを芸術家の個性に固着してとらえようとする。それが宿命なのかもしれない。だが、まさにそれゆえに、私たちはライトの建築が指し示したはずの歴史的・普遍的意味から遠ざかってしまうのだ。

この裂け目を乗り越えていくこと。そうすることで、はじめて彼の建築が「異端」の地位から救い出されるのだと思う。だからここでは、本書で扱われたライトの造形と思想をたどり、どのような点が、どのように独自であったのか、もう一度探っていくことにしよう。

成長する建築形態

建築の形は、果たして成長などするのだろうか？　お答えしよう、然り。

——有機的建築

建築家の頭のなかで、形態はまさに生々流転しながら成長していく。優れた建築家のスケッチを観察してみれば、すぐに気づくことだ。あるときは分岐して豊かな多様性を生み、またあるときは然るべき姿に向かって一気に突き進む。

このことを把握するための論理には、おおきく言ってふたつ、分解・再構成の考え方と、変形・成長の考え方がある。前者は定型的モチーフの組み合わせをさまざまに組み替えることによって、後者は基本となる単純な原形をさまざまに変形することによって、多様な形態が生み出されていくと考える。前者の典型が古典主義の造形論（図1）、それに対置される後者の典型が、造形性《プラスティシティ》と名付けられたサリヴァンからライトに至るアメリカ近代の造形論だ。

どっしりとした基壇のうえに、重々しい円柱《カラム》が立ち、個性的な柱頭《キャピタル》を冠せ、その上に梁型《エンタブラチュア》が横たわり、破風《ペディメント》が載る。この古代ギリシアの神殿モチーフは、古代ロー

A
B
C
D
E
F
G
H
I
J
K
L

図1　古典主義建築の系譜

右図は古典主義建築の主要作品を並べたもの。本書でライトが何度も引き合いに出す反面教師である。最上段は古代ギリシア神殿の代表例、アテネのパルテノン（A:447-432BC）。その柱梁のオーダーや神殿モチーフは、あらゆる古典主義建築の源泉である。

古代ローマでは、新技術のアーチがギリシアのモチーフと融合される。コロッセウム（B:70-82AD）は、それを多層に積み重ねた大規模な建築。パンテオン（C:118-128AD）は、ドームのかかる本堂と神殿モチーフのポーチの複合。次はセプティミウス-セヴェルスの凱旋門（D:203AD）。大小のアーチを左右対称に配する凱旋門のモチーフは、後に教会堂正面の重要な造形技法となる。

ルネサンス・マニエリスム期では、これらのモチーフの組み合わせ・重ね合わせが開拓されていく。アルベルティのサンタ・マリア・ノヴェッラ聖堂（E:1456-70）は、教会堂の凸型正面を神殿モチーフの積層で造形した作品。各部の輪郭が正方形に内接する。ミケランジェロのポルタ・ピア（F:1561-64）の造形には、構造本体を置き去りにして表面のモチーフが上にずれるといった遊び心が見える。パラディオのラ・ロトンダ（G:1567-69）は四方同形の結晶体。住宅建築の古典として参照され続けることになる。同じパラディオのイル・レデントーレ聖堂（H:1577-92）の正面は、上下にずらした神殿モチーフの重ね合わせによって、強い上昇性を醸し出す。

バロック期の特徴は、モチーフを立体的に歪ませる造形。ボッロミーニのサン・カルロ・アッレ・クアットロ・フォンターネ聖堂（I:1634-82）では、正面のモチーフが波打って、まるで身悶えしているかのようだ。ベルニーニのサン・タンドレア・アル・クィリナーレ聖堂（J:1658-70）は、バロック的な歪曲を経たパンテオンと見ることもできるだろう。

アメリカ合衆国へと眼を移そう。ジェファソンのモンティチェロ（K:1770-1808）は、一見してパラディオの強い影響下にあるのがわかる。マッキム・ミード・アンド・ホワイトのボストン公共図書館（L:1893）は、すでに若きライトと同時代の作品。古典主義教会堂の側面を公共建築の正面に転用した大胆な着想を示している。

マでアーチと融合されて凱旋門モチーフを生み、これらのモチーフを連ね、積層することによって、大規模な建築物がデザインできるようになった。中世を飛び越して、ルネサンス、マニエリスム、バロックと、これらのモチーフはいっそう多様に重ね合わされ、ずらされ、転用され、転置され、変調され、歪曲され、表現の領域が次々に拡張されていった。一八世紀、一九世紀、二〇世紀の初頭まで、この古典主義の造形論は、紆余曲折を経ながらも一貫して主流の地位にあった。

制度として整った建築学校《アカデミー》が始まったのは、一七世紀のフランスだった。のちのエコール・デ・ボザールである。その教程の根幹をなしたのが古典主義の造形論。五つのオーダーを起点にして、いくつかの基本的モチーフを誘導し、それを操作し組み合わせて、さまざまな平面とファサードをつくりあげる分解・再構成の技法、これが体系的に教えられた。

アメリカ合衆国は、建国以来、この造形論に深く傾倒していた。独立宣言を起草したトーマス・ジェファソンは建築家であった。彼は植民地様式とは根本的に違う、新しい国の政治理念にふさわしい様式を求め、アメリカに古典主義を根付かせた。以後、公的な建築物のほとんどは、これに則《のっと》ってつくられた。建築教育も同様、「アメリカン・ボザール」という言葉があるくらいである。ライトの師、ルイス・サリヴァンもこうした教育を受け、その後パリの総本山で学んでいる。

古典主義造形論の特徴のひとつは、徹底して合成的であるということだ。基本的モチーフはこれとこれ、それらをこう組み合わせるとこういう形、組み合わせを変えればこういう形、といった具合なのだ。建築形態を手際よく分類し再構成するには便利な方法だ。さまざまなモチーフを先例から抜き出し、それまでとは別の組み合わせを工夫し、新しい形を誘導する。折衷主義の考え方は、古典主義の基本のところにあるのだ。

一方、設計過程のなかでの形の成長という考え方は希薄だった。いったん答えの大枠が決まってしまえば、あとは比例と細部と陰影を洗練させていくだけで完成なのだ。このように建築の形は、何より伝統的モチーフとその創作的合成に導かれるものであり、敷地や周辺環境あるいは内部の人間生活のあり方に直接導かれ、微調整される性格のものではなかった。言い換えれば、それらの函数《ファンクション》ではなかったのである。

このような考え方に対置されたのが、サリヴァンの造形性である。だがサリヴァン自身は、「形は常に機能《ファンクション》に従う(Form ever follows function)」というテーゼを宣べ伝え、装飾という閉じた実験室内で純・形態的な試みを行い、その成果を摩天楼の鉛直の延伸性に応用するにとどまった(図2)。この実験を受け継いで住宅に適用し、生活空間と建築構造の造形論として発展させたのがライトである(図3)。このあたりの事情は、

A

B

C

D

E

F

G

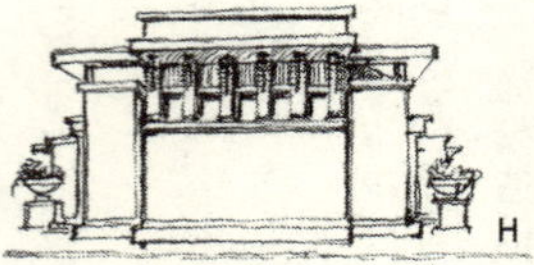

H

図 2　摩天楼建築とライト

サリヴァンは摩天楼、かたやライトは低層住宅を得意とした。師弟の造形はまったく断絶しているようにも見える。だが、造形のアイデアという点で、両者には強いつながりがある。アメリカ建築史の重要トピック、摩天楼の系譜を通じて見てみよう。

そもそもデパートやオフィスビルといった巨大な四角い箱を様式的に破綻なく造形するのは、非常に難しいことだった。この問題に明確な解答を与えたのがリチャードソンのマーシャル・フィールド百貨店（A:1885-87）である。どっしりとした基部の上にアーチを縮小しながら積み上げていくさまは、ローマの水道橋の立面を彷彿とさせる。この技法は、一種の定石として広く影響した。

しかし鉄骨構造の登場によって建物のプロポーションは根本的に変化していた。バーナム・アンド・ルートのルーカリー・ビル（B:1885-86）は、いっそう背の高い立面に、リチャードソン型の構成を積み重ねてようやく追いついたもの。だが、この技法がこれ以上の高層化についていけないことは明らかだ。

アドラー・アンド・サリヴァンのオーディトリアム・ビル（C:1886-89）もリチャードソンの技法に従うが、ウェインライト・ビル（D:1890-91）に至って事情は一変する。基部・主部・頂部からなる明確な三部構成、主部は細長い縦マリオンの束になる。柱礎・柱身・柱頭からなる古典主義のオーダー柱の造形を、建物全体へと写し込んだような構成だ。固定したアーチのプロポーションから脱したマリオンの束は、全体構成を崩すことなくいくらでも延長できる。この鉛直方向の延伸性によって、摩天楼はどこまでも高く成長していけるようになった。ユニオン・トラスト・ビル（E:1892-93）、ギャランティ・ビル（F:1894-96）も同様。超高層ビルの定石のひとつとして今も生きつづけている技法である。

下段はライトの初期作品、ラーキン・ビル（G:1903-05）と、ユニティ・テンプル（H:1907）である。サリヴァンの延伸性は表層のマリオンに委ねられていたが、ライトが延伸させているのは空間を内包した立体だ。師が表層で試みたことを空間要素の水準に転換するという発想は、ライトのオリジナリティ追求の基本的態度である。

A

B

C

D

E

F

図 3　アメリカ住宅の展開とライト

さて、今度はアメリカ住宅の系譜のなかで、ライトの位置を探ってみよう。上段はスティック・スタイルと総称される住宅。ニュートンのスターテバント邸（A:1872）は、中世ゴシックのモチーフを復興させた鉛直性基調の作品。構造を外観に表すことで、骨ばった複雑なデザインになっている。その右は典型的なクイーン・アン様式の住宅のたたずまい（B)。上方に尖ったさまざまな立体を寄せ合わせ、視覚的変化に富んだ様相をつくりだす。こういった、いわゆる「絵になる」立体構成を「ピクチャレスク」という。これらの建物の周囲を取り巻いているのがリビングポーチ。建物と庭とをつなぐ半外部空間、日本の縁側に相当する。アメリカ住宅のトレードマークとも言うべき重要な生活空間である。

中段に並ぶのはシングル・スタイルと総称される住宅。アイルのポッター邸（C:1881-82)、リチャードソンのストートン邸（D:1882-83)、マッキム・ミード・アンド・ホワイトのロウ邸（E:1887）である。シングルとは壁面のこけら葺きのこと。割り付けが細かいので、表面が平滑に連続して見える。構造体は背後に隠され、立体そのものの幾何学的輪郭が強調されて、徐々に水平性基調のデザインへと移り変わっていく。その一方、リビングポーチは立体の閉じた輪郭のなかに取り込まれ、外部空間への伸びやかさは弱まることになった。

下段は、ライトが女性向け雑誌に発表した、大平原の町の家（F:1901）と題されたプロトタイプ。屋根勾配を抑え、鋭い軒を外周に連続して突き出し、軒下に窓と腰壁が連続して、水平性基調がいっそう強められている。腰壁を外側にずらせば、リビングポーチに相当する空間を自由につくり出すことができる。細長い帯状の要素が束になって走るかのような水平方向の延伸性。これによって住宅の造形は、固定した箱型のプロポーションから脱し、周辺環境に応じて自在に成長していけるようになった。師が摩天楼を題材にして鉛直方向で行った試みを、ライトは水平方向に転換し、住宅の空間的造形に移し入れて、アメリカ住宅の次なるステップを拓いたのだ。まさに画期的着想と言えるだろう。

本書冒頭のふたつの章で、ライト自身が明確に記している。

彼らの造形論の根底にあるのは、「成長する建築形態」という概念である。建築形態を植物になぞらえて考えるとわかりやすいかもしれない。植物の成長の起点である種子は、単純に見えながら、状況に応じてさまざまな変形を生み出す潜在的適応力を持つ。植物はこの力に導かれ、次々に葉を広げながら成長し、与えられた環境に適応した形へと自己をつくりあげる。生まれる形は多様でありながら、そこには一貫した性質、すなわち種の同一性が保たれる。これが種子に秘められた自己形成の生命力だ。

建築形態について言い換えれば次のようになるだろう。まず住宅の原形として、延伸性を備えた単純な全体形を考える。これを基本として変形を加え、敷地や家族構成の違いに応じたさまざまな姿を発現させていく。生まれる形は多様でありながら、そこには一貫した造形的原理、すなわち様式《スタイル》が保たれる。このような形の成長＝内的な自己形成の概念こそ、古典主義の造形論に欠けていたものであり、この考え方によって、周辺環境や人間生活への自在な適応力が目指された。すなわち、形それ自体を函数《ファンクション》にしよう（Form and function are one）というのだ。

なぜライトが「近代主義風《モダニスティック》」と「近代的《モダン》」、「ある《ア・》様式《スタイル》に従う」ことと「様式《スタイル》を備える」ことの区別にあれほどこだわるのか、その理由はここにある。「近代主義風」建築は、たとえその姿が「近代的」に見えたとしても、それらしいモチーフを合成する折衷主義の再演に過ぎない。そうしたやり方に、周辺環境や人間生活の函数《ファンクション》たる「様式《スタイル》」が備わっているとは言えない、というわけだ。

さて、ここで次の問題が起こる。アメリカの家庭が抱える諸条件を必要十分に網羅できる原形とは、一体どのようなものなのか。さらに突き詰めれば、単純性とは一体何なのか。

単純であるということ

師は、こう口癖のように言っていた。「考えるということは、単純性に則って取り扱うということである」……これこそ、単純性の唯一の秘密なのだと私は思う。すなわち物事それ自体が単純であるということなどあり得ないのだ。

——新しい家を建てる

単純性は設計に必須の概念だ。そもそも設計とは、与えられた要求条件に適合する現実を考え出す想像・創造行為である。端的に言って、単純性を念頭に置かない設計はあり得ない。いくらでも複雑になってよいなら、要求に見合った要素をあれこれ寄せ集めていくだけで、条件を満たすものなどすぐにできてしまうからだ。しかし、これでは設計の名に値しない。むしろ設計の問題は、あれこれの条件を、どうやったら単純かつ統合的な形として実現できるかというところにある。

だが、単純性の捉え方は、建築家によっておおきく異なる。最終形の単純性を追う者、余分な条件をばっさり切り落として問題自体を単純化する者、条件に見合う要素を付け足していくことで考える行為そのものを単純化する者、無駄を省き手間を削減することで経済性と効率を追う者、単純な原則に素直に従うことを第一義とする者……。建築家の方法論の違いは、畢竟、ここに要約されるとさえ言える。

ライトが自らの「有機的単純性」を「納屋の扉のような簡素さ」と対比させて繰り返し説明するわけはここにある。「有機的単純性」とは、単純な原則に素直に従う成長のことだ。だから無造作な簡素さや、形そのものの単純さを追い求めるのは本末転倒なのだ。

ユーソニアン住宅の原形となっているのは、単純明快な内部空間の構成である。ワークスペースを核にして、かたわらに食事空間と玄関と暖炉が寄り添う。そこから片側に居間の棟（おたまじゃくしの体）がふくれあがり、もう片方に寝室群の棟（おたまじゃくしのしっぽ）が伸びていく。二つの棟は、両腕のように外部空間の広がりを抱き、さまざまな風景に捕まえようとする。状況にあわせて自ら振る舞うに足る、必要十分な肢体が揃っているということだ。増築によって子供室を延ばすこともできるし、主要空間すべてが外部空間に接しているため、どちら側に開きどちら側を閉じるか思いのままだ。

こうして見ると、アメリカの庶民住宅の原形としての優秀さは疑うべくもない。本書に掲載されている平面図を通覧すれば、まるで生き物のように、明快な原理を保ちつつ個々の状況に適応していく様子がわかるだろう。そしてユーソニアン住宅の第一作、ジェイコブス邸が、その種子そのものとも言える単純な姿をしていることも。

このようにアメリカの庶民住宅に対するライトの解答は、基本的解答としての原形と固有の状況に適応できる成長能力という二段構えになっている。まったく同じ特質が、まだ若かりしころにつくりあげたプレイリー住宅にも見られる（図4）。このアイデアは、ライトのキャリアのかなり早い段階で達成されたものなのだ。単純性と多様性を仕分け、原則と再解釈のバランスを保ち、共通性と個性を両立させること。このような本質を見抜く眼は、一体どこから来たのだろうか。

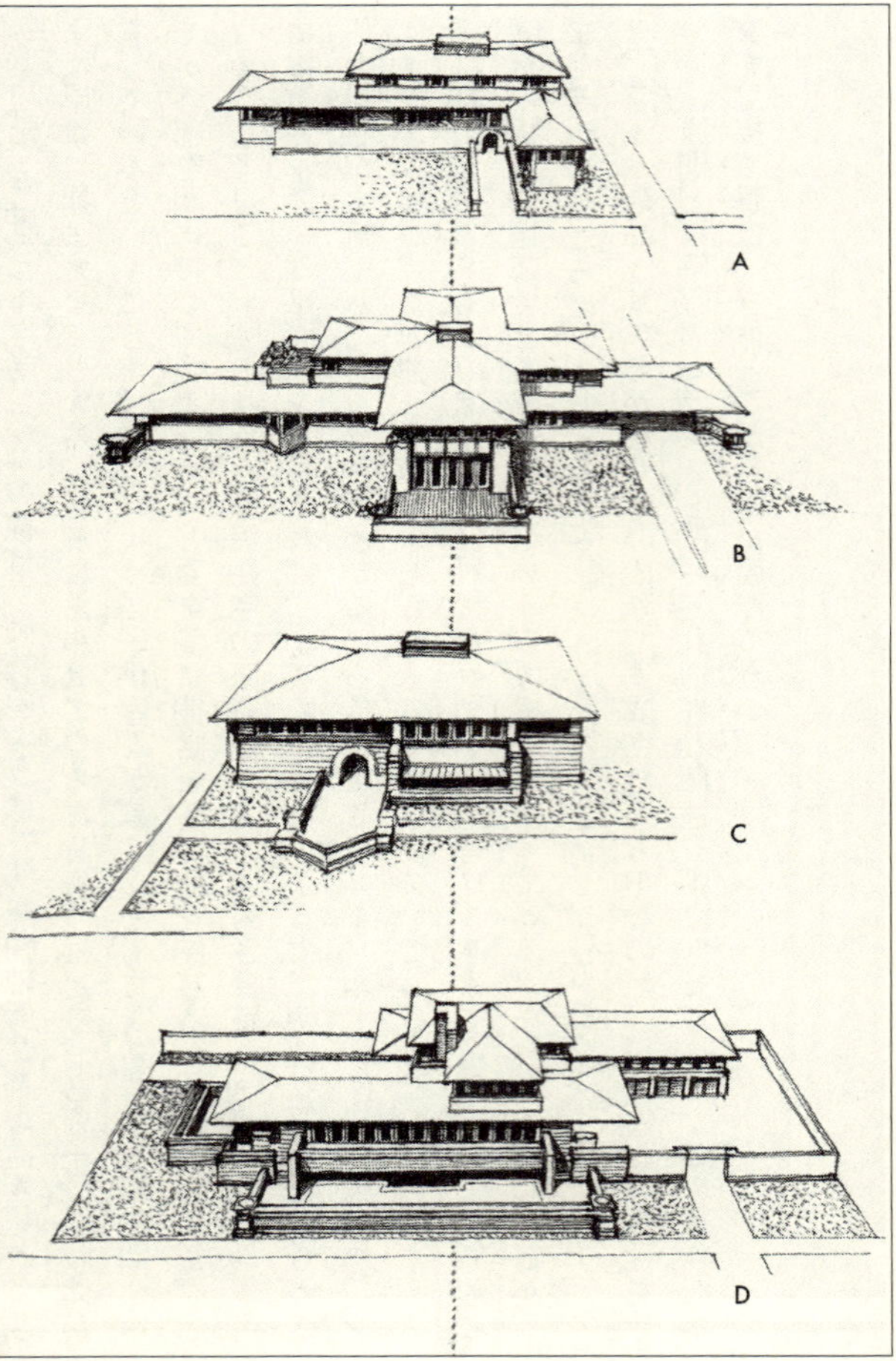
A
B
C
D

図 4　プレイリー住宅の成長

ライトのプレイリー住宅の作品を、中央の暖炉の位置を揃えて描いたもの。上から、トーマス邸（A:1901）、ウィリッツ邸（B:1901）、ハートレイ邸（C:1902）、ロビー邸（D:1910）。

その原理を簡単にまとめてみよう。まず一本の暖炉が敷地に建つ。暖炉は家の中心であり建物の幹となる。熱容量の大きい暖炉が建物の真ん中にくるのは、室内気候の安定と効率の面からも好ましいことだ。ここから敷地の状況に応じてリビングやダイニングなどの主要な空間が伸びていく。腰壁は高くして、人間が内部に立ったときの視線の高さを基準に合わせる。街路から視線が侵入するのを防ぎながら、内部に眺めを導き入れるためだ。

腰壁は、時として内部空間の輪郭から離れ、独立した塀になってテラスなどの半外部空間を囲んで戻ってくる。この部分の内外の境界は全面ガラスの扉窓になって、開放と閉鎖のバランスがとられる。ハートレイ邸やロビー邸に見える壁端の突き出しは、この外に向かって伸びる壁が切り落とされた痕跡である。突き出した面端の表情で空間の方向性を示すこのやり方は、のちにデ・スティルへと受け継がれ、近代建築の基本的技法へと発展していく。

軒の先端は一定の高さにそろえ、建物の輪郭よりひとまわり大きく突き出す。棟の高さは内部空間の幅に応じて変わることになるが、屋根の勾配がゆるく押さえられているので、二階の腰壁に吸収される。だから部屋の幅がむやみに拘束されずに済む。軒裏は水平に仕上げられ、垂木などがでこぼこと露出されることはない。軒裏に下向き勾配がつくと、室内の閉じた輪郭が強調され、水平の開放感が削がれるからである。こうして、太い幹から優雅に枝ぶりを広げる樹木のような、伸びやかな形が生み出される。

狭い敷地に建つトーマス邸はL字型のコンパクトな形、ウィリッツ邸では一転して縦横に伸びやかに広がり、ハートレイ邸では逆に一枚の寄棟屋根の下に引っ込んで固まり、ロビー邸では細長い敷地に沿って直線的に伸びた単位が束ねられる。これらの形すべてが上述の原理に忠実に従っている。プレイリー住宅に確固とした原理と自在な成長能力が秘められていることがわかるだろう。

自立した庶民生活としての民主主義

ならば、あえてこう言わせてもらおうではないか。その時、民主主義の精神――個人の個人としての自由――が確かに住宅をとらえ、屋根裏部屋を取り去り、ポーチを退け、地下室を引きぬき、居間を食堂や台所と融合させ、出入りに便利なひとまとまりの空間に変えたのだ。

――ユーソニアン住宅について

ライトはそれを民主主義《デモクラシー》という言葉で説明する。ここが現代の日本人にとって難解なところだろう。そもそもライトの言っている民主主義が、私たちの常識とはかけ離れているからだ。でも私たちはまだましだ。おそらく現代のアメリカ人の大半にとっては、さらに輪をかけて難解だろう。一言で言えば、それは貴族主義《アリストクラシー》の庶民への解放である。植民地支配や奴隷労働によって支えられ、少数の特権階級だけが享受し得た優雅な生活が、個々人の能力と機械力によって支えられる、人民の人民による人民のための貴族主義へと受け継がれていくと考えたのだ。そこで強調されるのは自立した家庭生活、すなわち使用人の労働や、政府の援助に頼らない家庭経営であり、質素であったとしても優雅さと気高さを失わない、自ら誇るに足る生活である。この理念がいかにユーソニアン住宅の空間と構造を組み上げていったかは、本書でライトが活き活きと述べている通りだ。

だから、議会制民主主義だとか、大衆消費社会だとか、都市集中型自由主義経済だとか、私たちが民主主義という観念の外延として思い浮かべるほとんどのことは、実はライトの言う民主主義には含まれていない。いや、むしろその正反対のもの、権力迎合的でなく徹底して個人主義的であり、大衆的・無名的でなく徹底して自立的・自尊的であり、資本主義的でも社会主義的でも共産主義的でもなく、徹底して農本主義的なのである。そしてこれが、ヨーロッパ近代建築の主題であった労働者住宅《ジートルンク》計画の思考回路と、ユーソニアン住宅のそれを、これほどまでに隔てているのである。

地域性と国際性

> ユーソニアン住宅は、空間、光、そして自由の清新な感覚をもって、大地をこよなく慈しむものだ——これこそアメリカ合衆国にふさわしい家だ。
>
> ——ユーソニアン住宅1

民主主義の実現を、世界史におけるアメリカ合衆国の任務とみなし、それを具体的な生活の姿として思い描く以上、それは地域性を帯びたものとして構想されることになる。地場の材料を使い、周辺の風景を取り込み、アメリカの気候・風土に応じた設備を統合し、大地そのものから成長した樹のような統合性を目指す。そこからアメリカにふさわしい地域性が生まれるのは必然だった。

当然、「国際主義《インターナショナリズム》」とは真っ向から対立する。ヨーロッパで主流の地位に昇ろうとしていた近代建築家たちは、産業革命が拓いた機械力の利用と資本主義、あるいはその先にあったはずの社会主義が、人間生活と社会のあり方を一変させたと考え、それを国境を越えた事態と考えた。個々の国家や文化に規制された伝統ではとても太刀打ちできない、もっと大きな歴史的転換と考えたのである。だからこそ近代建築家の国際的連帯や、古典主義アカデミーからの脱却が謳われた。それはそれで正しい認識だっただろう。だが、この論理から地域性が無用であり無意味であるという結論は出てこない。単にマイナーな論点として、当分のあいだ無視することにしたに過ぎないはずだった。しかし、そういう建築家たちがつくった白い箱のコンポジションは、ほかならぬ「従うべき様式《ザ・スタイル》」として一世を風靡した。形の見てくれは移り変わったが、それを隠れ蓑にして折衷主義は命脈を保ったのだ。さらにその証しとして「国際様式《インターナショナル・スタイル》」という様式名が冠せられると、ライトとの間の溝は、もうどうにも埋め難いものとなった。こうしてライトの孤立がついに完成したのだった。

ヴァナキュラーの域へ

かたや東洋人は、その感覚を保ち続けているのであり、あらためて頭で考えるまでもなく、本能的にそのやり方で建物を建ててきたのである。彼らの本能は正しかった。

——有機的建築と東洋

この不幸な分離を、私たちはまだ引きずっている。やはりライトがカギ括弧入りのものに見え、かたや現代の建築のほとんどが地域性から浮きあがり、雑誌の紙面の上に飛来して、はじめて着地するように見えるのだ。だが、そのことを逆に見れば、近代建築家のほとんどが放置した問題を、ライトだけが引き受けたということでもあるはずだ。それがこう考えてみると、ライトだけがずば抜けて到達した境地が眼に入る。それが土着的建築《ヴァナキュラー》への接近である。

実は、ライトの住宅に見られるような建築形態の成長は、視野を少々広げさえすれば決して珍しいものではない。日本の伝統的町並みのなかに連なる町家の形式とその展開、田の字型の平面を基本とした民家の様々な変形はその好例である。

本書が世に出て以降のことになるが、エイモス・ラポポートはヴァナキュラーの住宅を渉猟し分析して、その成果を著書『住まいと文化』（一九六九）にまとめた。ラポポートは「住居の形態は、単に自然的諸力や、ただひとつの要因によってでなく、最も広い意味でのあらゆる社会文化的要因によって形成される」という論理を提示し、この社会文化的要因を、住居の形態の根幹を定める一次的要因と位置づけ、その他の要因、すなわち気候条件、建設技法、入手可能な材料、用いられる技術などを、二次的な修正要因として区別した。

ライトの住宅はこの論理にぴったりとあてはまる。ユーソニアン住宅の種子は、彼の希った民主主義社会と、それにふさわしい家庭生活という一次的要因に基づいており、一方、気候、材料、技術は建物ごとの個性を生む修正要因と位置づけられている。その結果生まれるユーソニアン住宅の柔軟性が、ヴァナキュラーの自然な多様性と近接して見えるのは、このような論理の同質性に負うと見てよいだろう。

悠々たる歴史のなかで、大勢の職人たちが世代を超えて試行錯誤を繰り返し、無意識のうちに練りあげた種子とその自在な成長。ヴァナキュラーの魅力はここにある。それは、自ずから然るべく行われた洗練であり、進化であり、展開であったものだ。だが、ライトはこれをたったひとりでやってのけた。あらゆる時代を通じて見ても稀有のことである。ここにライトの設計理論家としての卓抜な視線が潜んでいると思うのだ。

ルネサンス以降、西洋の建築デザインは、建築家によるハイ・アーキテクチュアと職人たちのヴァナキュラーの二極に分離してきた。いまでもその通りと言ってよいだろう。だが、もし近代建築の根本が、白い箱のコンポジションという様式《ザ・スタイル》の水準にとどまらない、庶民の生活にふさわしい建築形態を目指そうとする動向《ムーブメント》だったとすればどうだろう。そしてその動向が、単なる過去の否定に終わらない、草の根の生活の肯定と、人間性の復興を含んだ、二極の止揚を目指すものだったと理解し直すならどうだろう。だとすれば、本書によって詳らかにされたライトの試みは、近代建築の「異端」どころの話ではないはずだ。ライト自身が声高に主張するように、まさに近代建築の殿堂の第一展示室に置かれるべきものなのだ。

そして、自然であること

有機的単純性は、見ようと思いさえすれば、そこかしこに現れている。それは、峻厳でありながらも調和した秩序のなかで、意味のある個性をつくり出す。この秩序こそ、自然という名で呼び習わしているものなのだ。

——有機的建築

庶民の生活の本質を建築の種子と位置付けること。自然界にあふれる有機的な成長のありさまを見つめ、その天賦の自在さに深く学ぶこと。アメリカのあるがままの風景と呼応するよう、内部空間を素直に振る舞わせること。幹から枝が伸びるかのように、構造体を内なるところに従って成長させること。素材の本性を引き出して建築美の源泉として活用し、作為のない装飾的効果を生み出し、詩の領域にまで高めていくこと。そうして、人間本来の欲求に応え、気取りのない生活の現実をいっそう美しく引き立て、身の丈にあった住宅をつくりあげること。さらに、それを世代を越えて受け継ぎ、自ずから然るべく発展させていくこと。ここには、自然＝Nature という言葉に含まれるあらゆる意味が登場する。ライトの求めた「自然の家」とは、そういうものだったのである。

訳者あとがき

本書は、Frank Lloyd Wright : *The Natural House*, Horizon Press, New York, 1954. の全訳である。ライト、実に八七歳の出版である。初版以降、ペーパーバック版が出ているが、わずかな誤植の訂正以外、差異はないようである。

本書の邦訳は、すでに一九六七年、遠藤楽氏による訳が『ライトの住宅』の書名で彰国社より出版され、以来長年にわたり版を重ねている。また、本書第一書のテキストには、他著の再録となっているものがあり、それにはまた別の邦訳がある。「有機的建築」については、谷川正己・睦子両氏による訳が『建築について』の一部として鹿島出版会より、「新たな家を建てる」、「素材の本性のままに——その哲学」、「ユーソニアン住宅1」および「同2」については、樋口清氏による訳が『ライト自伝』の一部として中央公論美術出版より出版されている。以上のように本書の邦訳は、本書を含め、二ないし三通り出版されたことになる。本書はもちろん訳者が原書から逐一訳出したものであるが、右記各書を折に触れて参照し、自らの解釈の適切さを検討したことを記しておく。

本書には内容の繰り返しが多く、一見無秩序に並べられたアンソロジーにも見えるが、訳者はこれらが旧約・新約からなる聖書を模して編集されたと考えている。すなわち、第一書の近代建築の「創世記」から始まり、「新しい家」に向けた脱出記へとつづき、ユーソニアン住宅の実例を詩篇に見立て、第二書で庶民へと開かれた経済的な住宅の福音が宣べられ、有機的建築にひそむ根源的思想の実現が黙示される、という配列である。

原文の文体は、そのほとんどが、明らかに聞き手を想定した口述体である。実際、口述筆記をもとにしたのではないかとの印象が強い。あるときは依頼主に向け、あるときは若き建築家あるいは弟子たちに向けて語りかける口調。高雅に謳い上げたかと思うと、彼一流の冗句に落とす話法。そうした原文の雰囲気をできるだけ温存したいと考えた。そのため冗長に連なる原文を短文に区切り、接続詞を補いつつ連結し直して、次々と言い募るような口述的な訳にしたつもりである。

学生時代、感動とともに印象に刻み込んだ本を、まさか自分が訳すことになろうとはまったく思ってもみなかった。本書の企画を立てられ、訳者を指名されたのは、筑摩書房編集局の天野裕子さんである。原書を送っていただいてから一年半、折に触れ適切な導きを下さったことに対し、心より感謝申し上げる。

我が研究室の神谷悠実さんには、今回も原稿整理や資料収集、校正作業の補助をお願いした。その溌剌とした笑顔は、諸事多忙に沈む訳者を何度も救出してくれた。三重大学の湯浅陽子先生（中国古典文学）、石川幸雄先生（建築環境工学）からは、それぞれのご専門について懇切な教えを頂戴した。また、父・富岡近雄（ドイツ文学）は、訳者を常に励まし、原稿を通読し、意見と感想を示してくれた。皆様のご助力をここに記し、衷心より深く感謝申し上げる。

二〇〇九年九月　伊勢湾　町屋海岸にて

富岡　義人

本書は「ちくま学芸文庫」のために新たに訳出したものである。

初稿 倫理学　和辻哲郎　苅部直編

個の内面ではなく、人と人との「間柄」に倫理の本質を求めた和辻の人間学。主著へと至るその思考の軌跡を活き活きと明かす幻の名論考、復活。

反オブジェクト　隈研吾

自己中心的で威圧的な建築を批判したかった——思想史的な検討を通し、新たな可能性を探る。いま最も世界の注目を集める建築家の思考と実践！

新・建築入門　隈研吾

「建築とは何か」という困難な問いに立ち向かい、建築様式の変遷と背景にある思想の流れをたどりつつ、思考を積み重ねる。書下ろし自著解説を付す。

錯乱のニューヨーク　レム・コールハース　鈴木圭介訳

過剰な建築的欲望が作り出したニューヨーク／マンハッタンを総合的・批判的にとらえる伝説の名著。本書を読まずして建築を語るなかれ！（磯崎新）

S,M,L,XL+　レム・コールハース　太田佳代子／渡辺佐智江訳

世界的建築家の代表作がついに！　伝説の書のコア・エッセイにその後の主要作を加えた日本版オリジナル編集。彼の思索のエッセンスが詰まった一冊。

東京都市計画物語　越澤明

関東大震災の復興事業から東京オリンピックに向けての都市改造まで、四〇年にわたる都市計画の展開と挫折をたどりつつ新たな問題を提起する。

新版大東京案内（上）　今和次郎編纂

昭和初年の東京の姿を、都市フィールドワークの先駆者が活写した名著。上巻には交通機関や官庁、デパート、盛り場、遊興、味覚などを収録。

グローバル・シティ　サスキア・サッセン　伊豫谷登士翁監訳　大井由紀／髙橋華生子訳

世界の経済活動は分散したのではない、特権的な大都市に集中したのだ。国民国家の枠組みを超えて発生する世界の新秩序と格差拡大を暴く衝撃の必読書。

東京の空間人類学　陣内秀信

東京、このふしぎな都市空間を深層から探り、明快に解読した定番本。基層の地形、江戸の記憶、近代の都市造形が、ここに甦る。図版多数。（川本三郎）

大名庭園
白幡洋三郎

小石川後楽園、浜離宮等の名園では、多種多様な社交が繰り広げられていた。競って造られた庭園の姿に迫りヨーロッパの宮殿とも比較。（尼崎博正）

東京の地霊《ゲニウス・ロキ》
鈴木博之

日本橋室町、紀尾井町、上野の森……。その土地に堆積した数奇な歴史・固有の記憶を軸に、都内13カ所の土地を考察する「東京物語」。（藤森照信／石山修武）

空間の経験
イーフー・トゥアン
山本浩訳

人間にとって空間と場所とは何か？　それはどんな経験なのか？　基本的なモチーフを提示する空間論の必読図書。（A・ベルク／小松和彦）

個人空間の誕生
イーフー・トゥアン
阿部一訳

広間での雑居から個室住まいへ。回し食いから個々人用食器の成立へ。多様なかたちで起こった「空間の分節化」を通覧し、近代人の意識の発生をみる。

自然の家
フランク・ロイド・ライト
富岡義人訳

いかにして人間の住まいと自然は調和をとりうるか。建築家F・L・ライトの思想と美学が凝縮された名著を新訳。最新知見をもりこんだ解説付。

マルセイユのユニテ・ダビタシオン
ル・コルビュジエ
山名善之／戸田穣訳

近代建築の巨匠による集合住宅ユニテ・ダビタシオン。そこには住宅から都市まで、ル・コルビュジエの思想が集約されていた。充実の解説付。

都市への権利
アンリ・ルフェーヴル
森本和夫訳

都市現実は我々利用者のためにある！——産業化社会に抗するシチュアシオニスム運動の中、人間の主体性に基づく都市を提唱する。（南後由和）

場所の現象学
エドワード・レルフ
高野岳彦／阿部隆／石山美也子訳

〈没場所性〉が支配する現代において〈場所のセンス再生の可能性〉はあるのか。空間創出行為を実践的に理解しようとする社会的場所論の決定版。

装飾と犯罪
アドルフ・ロース
伊藤哲夫訳

近代建築の先駆的な提唱者ロース。有名な「装飾は犯罪である」をはじめとする痛烈な文章の数々に、モダニズムの強い息吹を感じさせる代表的論考集。

シュルレアリスムとは何か　巖谷國士

20世紀初頭に現れたシュルレアリスム——美術・文学を縦横にへめぐりつつ「自動筆記」「メルヘン」「ユートピア」をテーマに自在に語る入門書。

マタイ受難曲　礒山雅

罪・死・救済を巡る人間ドラマを圧倒的なスケールで描いたバッハの傑作。テキストと音楽の両面から、秘められたメッセージを読み解く記念碑的名著。

バロック音楽　礒山雅

バロック音楽作品の多様性と作曲家達の試行錯誤。バッハ研究の第一人者が、当時の文化思想的背景も踏まえ、その豊かな意味に光を当てる。（寺西肇）

仏像入門　石上善應

仏像は観賞の対象ではない。仏教の真理を知らしめてくれる善知識なのである。浄土宗学僧のトップが出遇い、修行の助けとした四十四体の仏像を紹介。

岡本太郎の宇宙（全6巻）　岡本太郎　山下裕二／椹木野衣／平野暁臣編

20世紀を疾走した芸術家、岡本太郎。彼の言葉と作品は未来への強い輝きを放つ。遺された著作を厳選編集し、その存在の全貌に迫った、決定版著作集。

対極と爆発　岡本太郎の宇宙1　岡本太郎　山下裕二／椹木野衣／平野暁臣編

彼の生涯を貫いた思想とは。「対極」と「爆発」をキーワードに、若き日の詩文から大阪万博参加への決意まで、そのエッセンスを集成する。（椹木野衣）

太郎誕生　岡本太郎の宇宙2　岡本太郎　山下裕二／椹木野衣／平野暁臣編

かの子・一平という両親、幼年時代、鬱屈と挫折、パリでの青春、戦争体験……。稀有な芸術家の思想を形作ったものの根源に迫る。（安藤礼二）

伝統との対決　岡本太郎の宇宙3　岡本太郎　山下裕二／椹木野衣／平野暁臣編

突き当たった「伝統」の桎梏。そして縄文の美の発見。彼が対決した「日本の伝統」とははたして何だったのか。格闘と創造の軌跡を追う。（山下裕二）

日本の最深部へ　岡本太郎の宇宙4　岡本太郎　山下裕二／椹木野衣／平野暁臣編

東北、熊野、沖縄……各地で見、聴き、考えるなかで岡本太郎は日本の全く別の姿を摑みだす。文化の基層と本質に迫る日本文化論を集成。（赤坂憲雄）

世界美術への道　岡本太郎の宇宙5　岡本太郎　山下裕二／椹木野衣／平野暁臣編
殷周、縄文、ケルト、メキシコ。西欧的価値観を突き抜け広がり深まるその視線。時空を超えた眼差しの先の世界美術史構想を明らかに。（今福龍太）

太郎写真曼陀羅　岡本太郎の宇宙　別巻　岡本太郎　山下裕二／椹木野衣／平野暁臣／ホンマタカシ編
ここには彼の眼が射た世界が焼き付いている！人々の生の感動を捉えて強烈な輝きを放つ岡本太郎の写真から320点余りを厳選収録。（ホンマタカシ）

茶の本　日本の目覚め　東洋の理想　岡倉天心　櫻庭信之／斎藤美洲／富原芳彰／岡倉古志郎訳
茶の哲学を語り（茶の本）、東洋精神文明の発揚を説き（日本の目覚め）、アジアは一つの理想を掲げた（東洋の理想）天心の主著を収録。（佐藤正英）

日本の建築　太田博太郎
日本において建築はどう発展してきたか。伊勢神宮・法隆寺・桂離宮など、この国独自の伝統の形を通覧する日本文化論。（五十嵐太郎）

シーボルト　日本植物誌　大場秀章監修・解説
シーボルトが遺した民俗学的にも貴重な『日本植物誌』よりカラー図版150点を全点収録。オリジナル解説を付した、読みやすく美しい日本の植物図鑑。

点と線から面へ　ヴァシリー・カンディンスキー　宮島久雄訳
抽象絵画の旗手カンディンスキーによる理論的主著。絵画の構成要素を徹底的に分析し、「生きた作品」の構築を試みる。造形芸術の本質を突く一冊。

眼の神殿　北澤憲昭
高橋由一の「螺旋展画閣」構想とは何か——。制度論によって近代日本の「美術」を捉え直し、美術史研究を一変させた衝撃の書。（足立元／佐藤道信）

名画とは何か　ケネス・クラーク　富士川義之訳
西洋美術の碩学が厳選した約40点を紹介。なぜそれらは時代を超えて感動を呼ぶのか。アートの本当の読み方がわかる極上の手引。（岡田温司）

官能美術史　池上英洋
西洋美術に溢れるエロティックな裸体たち。そこにはどんな謎が秘められているのか？　カラー多数！200点以上の魅惑的な図版から読む珠玉の美術案内。

美術で読み解く　聖人伝説
秦　剛平
聖人100人以上の逸話を収録する『黄金伝説』は、中世以降のキリスト教美術の典拠になった。絵画・彫刻と対照させつつ聖人伝説を読み解く。

イコノロジー研究（上）
エルヴィン・パノフスキー
浅野徹ほか訳
芸術作品を読み解き、その背後の意味と歴史的意識を探求する図像解釈学。人文諸学に汎用されるこの方法論の出発点となった記念碑的名著。

イコノロジー研究（下）
エルヴィン・パノフスキー
浅野徹ほか訳
上巻の、図像解釈学の基礎論的「序論」と「盲目のクピド」等各論に続き、下巻は新プラトン主義と芸術作品の相関に係る論考に詳細な索引を収録。

〈象徴形式《シンボル》〉としての遠近法
エルヴィン・パノフスキー
木田　元監訳
川戸れい子／上村清雄訳
透視図法は視覚とは必ずしも一致しない。それはいわばシンボル的な形式なのだ——。世界表象のシステムから解き明かされる、人間の精神史。

見るということ
ジョン・バージャー
飯沢耕太郎監修
笠原美智子訳
写真の登場で、人間は膨大なイメージに取り囲まれ、歴史や経験との対峙を余儀なくされた。見るという行為そのものに肉迫した革新的美術論集。

イメージ
ジョン・バージャー
伊藤俊治訳
イメージが氾濫する現代、「ものを見る」とはどういう意味をもつか。美術史上の名画と広告とを等価に扱い、見ること自体の再検討を迫る名著。

バルトーク音楽論選
ベーラ・バルトーク
伊東信宏／太田峰夫訳
中・東欧やトルコの民俗音楽研究、同時代の作曲家についての批評など計15篇を収録。作曲家バルトークの多様な音楽活動に迫る文庫オリジナル選集。

古伊万里図鑑
秦　秀雄
魯山人に星岡茶寮を任され柳宗悦の蒐集に一役買った稀代の目利き秦秀雄による究極の古伊万里鑑賞案内。限定五百部の稀覯本を文庫化。（勝見充男）

新編　脳の中の美術館
布施英利
「見る」に徹する視覚と共感覚に訴える視覚。ヒトの二つの視知覚形式から美術作品を考察する、芸術論へのまったく新しい視座。（中村桂子）

ちくま学芸文庫

自然《しぜん》の家《いえ》

二〇一〇年一月十日　第一刷発行
二〇二四年四月十日　第七刷発行

著　者　フランク・ロイド・ライト
訳　者　富岡義人（とみおか・よしと）
発行者　喜入冬子
発行所　株式会社　筑摩書房
東京都台東区蔵前二―五―三　〒一一一―八七五五
電話番号　〇三―五六八七―二六〇一（代表）
装幀者　安野光雅
印刷所　中央精版印刷株式会社
製本所　中央精版印刷株式会社

ISBN978-4-480-09265-6 C0152